金融デジタルイノベーションの時代

山上 聰

ダイヤモンド社

はじめに
デジタル自然淘汰の時代が始まった

　デジタル自然淘汰とは「破壊的なデジタルテクノロジーが顧客の行動を変化させる時代において、その変化に企業が対応できなくなり、ついには淘汰されてしまうこと」である。

　破壊的な技術──スマートフォン、ウェアラブルデバイス、AI、IoT、ソーシャルメディア等がわれわれの生活の中に深く入り込み、人と人との接点、コミュニケーション、連携に影響を与える。それが企業にとって「脅威と機会」を発生させるのだ。

　破壊的な技術は、顧客と従業員の関係、行動、価値感、期待値に変化をもたらす。その変化に対して、企業がこれまで経営資源を投下してきた技術、内部プロセス、カルチャーが適合しない状態が生まれるのである。

　これこそがデジタル自然淘汰の時代の始まりだ。生き残る種とは、最も強いものではなく、賢いものでもない。環境に最もうまく適合したものである。

　企業において顧客と向き合うのは、自分自身もデジタルテクノロジーを愛用する若手担当者で、彼（彼女）が顧客の変化を最も早く知る立場にある。しかし、変化の声は現状肯定派の中堅層に阻まれ、既存ビジネスの成功者である経営陣からも理解されない。

　そもそも、企業内の投資や購買の意思決定方法が、デジタル以前の仕事の進め方を踏襲しているから、従来プロセスに沿って検討する限り、すべては否定される運命にある。

　さらに、デジタルテクノロジーは、当初は取るに足らない小規模で、既存事業ユニットと隣のユニットの狭間に生じたり、公式の統計データにも計上されないため、無視されたり変化に

気づかれない場合が多い。このような情報遮断によって、企業の意思決定が鈍る。その後、デジタルテクノロジーは指数関数的に普及し、企業が変化を認識したときには手の施しようのない状態になってしまっている。

　一方、いち早く時代の変化を捉えた企業は、物理的な資産を切り離し、デジタル資産を拡大させて、それを活用するビジネスにシフトしている。そんな企業の時価総額は、それに気づこうとしない企業の時価総額を大幅に上回る。そんな時代が、すでに到来している。

　本質的にデジタル自然淘汰は、テクノロジーの問題ではない。組織における変化に対する柔軟性や、情報取扱に対する組織としての成熟度の問題である。
　デジタル自然淘汰の時代——今、すでに起こりつつあることは、もはや現状を認めるか認めないかではなく、企業を適合させるか、さもなくば退出させられるかである。
　われわれが生きるこの世界は、すでに根本的な変化を遂げる時代に入っている。
　一般企業のみならず、金融機関も例外ではなく、地域や国家でさえも破壊の対象となる時代が訪れたのだ。

・行動しないリスクが行動するリスクを上回る時代
・デジタルを使えない（理解しない）経営陣が、ブレーキになる時代
・業務上の境界や役割分担が抜本的に変わる時代
・とにかくスピードを優先させる時代
・デジタルテクノロジーを使いこなすミレニアルズが顧客、従業員になる時代
・企業ブランドを一方的に押しつけるのではなく、顧客とともに作り上げる時代
・顧客情報から、将来を暗示するデータを抽出し、経営に生かす時代

デジタル自然淘汰の時代は、既存の経験や意思決定の仕組みが役に立たなくなるから、企業は、新しいリーダーシップと新しいビジネスモデルを求める。

　この時代を生きることは、企業内の資産（人材、店舗、テクノロジー）を、それを利用するステークホルダー（地域、顧客や従業員）とともに、新しい時代に適合させるデジタル・トランスフォーメーションを行うことでもある。

　それを迅速かつ果敢にやり遂げていくこと。それこそが不確実性をマネージできる唯一の打ち手である。過去の資産で食いつなぐ時代は終わった。われわれは、未来に向けて投資を始めなくてはならないのだ。

はじめに
デジタル自然淘汰の時代が始まった ——— 3

第1章
激変する銀行の経営環境 ——— 11
- （1）環境に適合したものだけが生き残る　12
- （2）独り歩きするフィンテック　13
- （3）銀行が自ら解決できる手段はデジタル技術だけ　16
- （4）デジタル・トランスフォーメーション　18
- （5）金融庁が進める改革　19

第2章
世界ではすでに金融秩序の破壊が始まっている ——— 23
- （1）銀行が直面する破壊的な瞬間　24
  既存銀行に変革を迫る英国政府
- （2）バンキング・ウーバー・モーメント　26
  アントニー・ジェンキンスの警告／チャレンジャーバンクの登場／
  共有される企業信用情報／消える銀行店舗
- （3）政府が舵を取るシンガポールのイノベーション　32
  国家主導型開発の歴史／行政と民間のフレンドリーな関係／
  国家が直面するデジタルトランスフォーメーション

第3章
日本の金融危機が生んだ特殊な状況 ―― 39

（1）今も残る金融危機の爪痕　40
　　外科手術を拒んだ日本
（2）北海道拓殖銀行の破綻から学ぶ　41
　　官営特殊銀行としてのプライド／変えられなかったビジネスモデル／
　　インキュベーター路線の破綻／成功していたアジア戦略／
　　拓銀の破綻が教える代替案の必要性
（3）深刻な副作用を産んだ金融危機　47
　　コラテラル・ダメージ／強みの自己否定と連鎖／硬直化する企業組織
　　ダイナミズムが失われた社会／痴呆化する日本／リスク回避マインドの定着
（4）ITを外注化せざるを得なかった銀行　53
　　いち早くコンピュータを導入した銀行業界／システムアウトソーシングの副作用
（5）スウェーデンの金融危機と再生　56
　　Nordea Bankの誕生／自らを破壊せよ
（6）終わりを告げる昭和の金融　59
　　決済業務等の高度化に関するワーキング・グループ／
　　新しい時代に入った金融行政／なぜ護送船団行政の撤廃が必要なのか

第4章
戦いを始めている世界の金融機関 ―― 67

（1）コミュニティ・デジタル化モデル　68
　　銀行で始まったデジタル・トランスフォーメーション／
　　金融危機が米国銀行に与えたダメージ／Wells Fargoのアプリ戦略／
　　顧客ビジネスのデジタル化支援／Lloydsのボランティア戦略／消費者のデジタル化／
　　Wells FargoとLloydsの共通点／スウェーデンとタイのキャッシュフリー戦略／
　　業界を挙げたSwishの開発／タイのナショナルeペイメント構想／
　　政府と業界が手を組んだスウェーデンとタイの改革／
　　さらに高まるデータセキュリティの重要性
（2）プラットフォーム・モデル　83
　　BNY Mellonの資産管理プラットフォーム戦略／
　　システムアーキテクチャーの革新とAPIの活用／業態によって変わるアプローチ／
　　これからの銀行の資産はテクノロジーとシステム開発者
（3）ハイタッチ・モデル　87
　　Umpqua Bankのハイブリッド戦略／デジタル・イノベーション・スタジオ／
　　ロボットによる接客／中小金融機関の顧客との接点

第5章
シリコンバレーの歴史にイノベーションを学ぶ ─── 93

(1) **シリコンバレーを創った男** 94
　きっかけを作った第二次世界大戦／テクノロジー業界を牽引し続けるムーアの法則／
　ソフトウエアが世界を食べている

(2) **アポロ計画とムーン・ショット** 98
　ケネディ大統領の宣言／Googleとムーン・ショット

(3) **アメリカの新たなムーン・ショット**
　"シンギュラリティ"と"収穫加速の法則" 103

第6章
人のイノベーション ─── 107

(1) **マインドを変える** 108
　経営者の世界観／デジタルにコミットする経営者／行員をデジタル化する／
　イノベーション魂に火をつける／賞金付きコンテストで競わせる／
　キッチンとピンポン台に見る新しいワークスタイル／行動規範とルールを導入する

(2) **システム開発を変える** 118
　変化を抱擁するアジャイル開発手法／エクストリーム・プログラミングの手法／
　チーム全体の士気を高めるペアリング

(3) **スタートアップの支援** 120
　Y Combinator／Plug and Play

第7章
日本が直面する「今そこにある危機」 ─── 123

(1) **切花から植林への処方箋** 124
　産業政策を変えた米国／テキサス州オースティンの成功／
　シリコンバレーとオースティンの共通点／Barcleys銀行が支援したケンブリッジ現象／
　シリコンバレーの優位性を築いたエコシステム／
　地域がスタートアップと起業リスクを共有する／ニュージャージー州の失敗／
　デジタル・イノベーションを成功させる3つの要因／日本の課題：イノベーションの構想／
　ベルツの日本批判／切花から植林へ／抵抗勢力としてのフローズン・ミドル／
　日本の課題：イノベーションの支援

(2) **日本のウーバー・モーメントを乗り越える** 143
　ASEANが発するSOS／Alibabaの脅威／真の脅威と国難／データ錬金術

第8章
日本の金融機関が生き残るための2つの提言 ——— 151
  もはや時間の余裕はない

(1) **第1の提言：国境を超えたイノベーションのエコシステム** 152
  イノベーションの梁山泊を作る／ASEANへの期待／
  最低水準となった日本の起業環境を打破／起業家をASEANに／
  ASEAN発のスタートアップ／イノベーションを後押しする資金調達／
  未公開株の取引市場を作る

(2) **第2の提言：決済高度化を武器にイノベーションを推進する** 159
  イノベーションのコア領域としての決済業務／世界で拡がるリアルタイム決済／
  APNHUBの実現とクロスボーダー連携／アジアの利害代表としての日本／
  キャッシュフリー社会に向けたインフラを整備する／銀行の役割が大きく変わる／
  社会インフラとしての認証機能／データ・ポータビリティのメーンプレイヤー／
  顧客を守るという新たな使命

(3) **ITベンダーのトランスフォーメーション** 169
  金融機関とITベンダーの競争が始まる／営業戦略の革新／
  開発戦略の革新／ビジネスモデルの革新／Adobe Systemsの大胆な改革

(4) **金融機関の未来像** 173
  デジタル金融プラットフォーム／目的が作る幸福

あとがき ——— 178
参考文献 ——— 180

1 激変する銀行の経営環境

It is not the strongest of the species that survives,
nor the most intelligent that survives.
It is the one that is most adaptable to change.

Charles Darwin
biologist

生き残る種とは、最も強いものではなく、賢いものでもない。
それは、環境に最もうまく適合したものである。
チャールズ・ダーウィン

（1）環境に適合したものだけが生き残る

　デジタル化が全産業のビジネス革新を後押して、社会的な変革につながる「産業構造の新陳代謝」が世界的に進んでいる。
　全米の非上場企業を含めた企業の収入ランキングであるFortune500は、2000年以降、対象企業の52%が合併や吸収等で消滅し、2015年には55%が赤字に陥っている。その端的な例は、ビジネススクールのケーススタディにも登場するKodakだ。Kodakは、フィルムの巨人として知られる巨大企業だった。1975年に自ら世界初のデジタルカメラ技術を発明しながら、その価値を過小評価したことによって2012年に14万5000人の従業員を抱えながら会社更生法を申請した。同じ2012年に従業員13名のInstagram（ネット上の写真共有サービス）をFacebookが買収し、3年後に4億人のユーザーを獲得するまでに至ったのとは対照的だ。Kodakは、1ドルあたり70ドルの収益をもたらすフィルム事業に対し、たった5ドルにしかならないデジタル写真への投資を急ぐべきではないと判断した。Kodakの失敗の本質は、足元の利益にこだわり、写真に対するニーズが、"モノ（記録の手段）"から"コト（経験の共有）"に移行しつつあった変化に気がつかなかったことだ。

　イェール大学教授のリチャード・フォスターによれば、S&P500企業の1959年における平均存続年数は58年だったが、現在では15年まで短期化しており、2020年には12年となる見通しだ。まさに、企業の変化のスピードが加速し、米国では終身雇用や年功序列とは全く異なる世界に進んでいることを表している*。
　世界はまさに、チャールズ・ダーウィンが唱えたように「強いものが生き残るのではなく、賢いものが生き残るのでもなく、環境に適合したものだけが生き残る」デジタル自然淘汰の時代に突入したといえる。
　「自然淘汰により生物は進化する」という当時としては画期的な理論は、チャールズ・ダーウィンがイギリス海軍の測量船ビーグル号で5年にわたる世界一周航海をして各地で珍しい生

因みに、米FreelancersUnionとUpworkによる2015年の調査によれば、米国におけるフリーランスの活躍は、副業を含めて労働人口の35%で、2020年には50%を上回る見込み。一方の日本は16%である

物を観察し、帰国後それらの化石や標本を研究するなかで当時のキリスト教的世界観の「神が万物を創造した」では、説明できない事実につきあたったことから始まる。

ダーウィンは、試行錯誤を経て、全ての生物種が共通の祖先から長い時間をかけて、「自然選択」と呼ばれるプロセスを通して「進化」したことを明らかにした。

「進化」のプロセスを通じてダーウィンはその変化を推し進めていく力が「生存競争」と「自然淘汰」であることを発見したのである。ダーウィンによれば、生物の進化とは、生物同士が同一環境でそれぞれに必要な資源を求めて熾烈な競争を行った結果、たまたまその環境に適した変異を遂げた生物だけが子孫を残すことができたために起こる現象だ。

今、デジタル技術が人々の行動や社会の仕組みを大きく変化させている。各企業は、その新しい経営環境のもとで生き残りを賭けた熾烈な「生存競争」を繰り広げており、その手段がデジタル技術を活用したイノベーションだ。その一方で、適合できない企業が「消滅」する「デジタル自然淘汰」の流れが生まれている。

ダーウィンが看破したように、デジタルという新しい環境に適合しようと熾烈な競争を行うこと（イノベーション）が進化の原動力になっていると筆者は考えている。つまり、現実に向き合って己を進化させたものだけが生き残るという自然の摂理が、デジタル社会においても適用されるということである。

世界的にデジタル・イノベーションが進む中で、進化が止まっているように見えるのが、日本の銀行だ。

（2）独り歩きするフィンテック

「フィンテック」という言葉が巷を賑わしている。フィンテックとは、"デジタルな新興技術を金融向けに適用すること"の造語で、データ分析に基づき顧客エンゲージメントを強めるための技術を基本機能として、それを駆動させるクラウド

> API
> アプリケーション・プログラミング・インターフェース：システムを構成するコンポーネントの接続を容易にするための技術

コンピューティング・API*・ブロックチェーン等の基盤技術を含めた総称として使われていて、「フィンテック」という独立した技術が存在するわけではない。

何度も通ったシリコンバレーではフィンテックという言葉に遭遇することはほとんどなかった。定義が曖昧な言葉が、利用目的が議論されないまま、「フィンテック、来るよね」というように、流行語のように取り上げられ、「フィンテック」という手段を使っていること自体が、いかにも大事なことであるように扱われる「目的と手段の逆転現象」が起きているように思えてならない。

邦銀における"フィンテック＝デジタル技術の活用"は、試行錯誤の段階にあり、ビジネスモデルを変革して、組織全体がデジタルに適合した新しいビジネスモデルに転換する状況にはない。だからといって、筆者は闇雲に「デジタル化を急げ！」と出羽の守*のような大声を上げるつもりはない。しかしながら、"フィンテック"に総称される金融向けのデジタル技術は、世界的にほぼ同時に、均質な技術が、おおよそ誰もが使える低価格で供給されているはずなのに、日本で活用が進まないように見えるのは何故なのか。

> 出羽の守
> 欧米「では」と、海外の事例を殊更ありがたがる人

その理由を探るために、世界各国の金融機関におけるデジタル技術の導入について調べてみると、異なる背景があることに気づく。

デジタル技術の活用について欧米では、顧客エンゲージメント*が重視されている。そのわけは、2008年の金融危機によって金融機関が社会的な信頼を失ったからだ。それが、"ウォール街占拠"などのアンチ金融業の活動につながり、この事態を受けてドッド・フランク法のような金融機関のサービスを制限する規制が立法された。新たな規制の導入で、これまでの収益源を失ってしまった既存金融機関は、M&Aやコスト削減など従来型の打ち手を必死で講じてみたものの、ROAは金融危機以前の水準には回復しなかった。"バンキング機能は必要だが、

> 顧客エンゲージメント
> 顧客との関係を緊密化すること

銀行はいらない"と言われることが「銀行にビジネスモデルを再考させる契機につながった」とING Group CEOのラルフ・ハメルスは言う。

一方、GoogleやAmazon、Facebook、Apple等の新興ネット企業が続々と金融サービスに参入し、ミレニアル世代＊は積極的にそのサービスを利用している。そして至るところからデータを収集し、分析して金に換えていく"データの錬金術"を目の当たりにした欧米の金融機関は、「シリコンバレーがやってくる」「銀行の競争相手はもはや銀行ではなく、GoogleやAmazonだ」（ジェイミー・ダイモンJPMorgan Chase CEO）と認識したのだ。銀行が自ら進化する必要性を悟ったのである。銀行経営者は、ハイリスク・ハイリターンであっても、競合と認識したIT企業が進化し続ける限り、挑戦しないことのリスクは大きくなると判断し、新たな成長領域としてデジタル技術を使ったイノベーションの導入に踏み切ったのだ。金融危機で顧客との信頼関係を喪失したことが、事業に計り知れないマイナスの影響を与え、銀行の進化を後押ししたのである。

シンガポールは、欧米金融機関のアジア拠点が集積しており、金融業がGDPの12％を占める国だ。金融危機後、欧米金融機関の退潮を見て、このままでは自国の雇用を守れないと判断したMAS（シンガポール通貨庁、以下同）は、2015年6月に「スマート金融センター構想」を発表。デジタル技術を基に金融産業の再興をはかるために5年間で2億2500万シンガポールドルの投資を実施し、自国市場の競争力強化とデジタル技術活用のノウハウをアジアに輸出することによる利益獲得を狙って、短期間で制度と体制を整備した。

シンガポール以外のASEAN（東南アジア諸国連合）では、そもそも金融インフラが完備されておらず、銀行口座の保有率は50％を下回るような国が多い。また、ASEANでは勤労者の90％がMSME＊で占められているが、従来のテクノロジーは高価で利用できない層が多かった。最近ではクラウドやモバイル等、低価格なデジタル技術の導入で、金融包摂＊の環境を作

ミレニアル世代
Millennial Generation：1980〜2000年生まれのデジタル機器に慣れ親しんだ世代

MSME
マイクロSME＝零細事業者

金融包摂
Financial Inclusion：誰もが金融サービスの恩恵に与れること

り、それによって中間所得者層を形成し、ASEAN諸国の持続的な成長につなげたいとして、各国は最新テクノロジーの導入を活発化させている。

　ダーウィンの『種の起源』に、マデイラ島の飛べない甲虫の話が出てくる。甲虫は飛ぶ能力を獲得したことで離れた生息地の探索や移住、交尾相手や餌を見つける能力を強めて動物のなかで最大の「目（もく）」になった。なぜ、マデイラ島の甲虫は飛ぶ能力を失ったのか？　マデイラ島は孤島で一年中強風に晒されており、飛べば風に吹かれてそのまま海に墜落死するからだ。長い歳月のなかで、飛べる甲虫は海に落下し、飛べない方が子孫を残す結果になったのである。つまり、環境に適合するという観点では「飛ぶ能力の退化」でさえ「進化」なのだ。
　データ漏洩や監視社会の到来などデジタル化の負の側面が認識されるなか、デジタル技術の活用について熟考するのは立派な戦略だ。だから、日本の銀行がデジタル化で後れを取っていても、マデイラ島の飛べない甲虫のように環境を踏まえた進化なのだとしたら問題はない。日本の銀行の問題点は、デジタル技術活用の目的となる"大きな物語"、言い換えれば日本の金融が目指す姿（欧米における顧客エンゲージメント強化、アジアの金融包摂推進など）が描けないままに、「フィンテック」という曖昧な言葉に踊らされて、ただただ「フィンテック」を囲い込みや客寄せの道具として導入しようとする既存の延長線上の表層的な理解にとどまり、自らの目的意識や意思を持たない点だ。

（3）銀行が自ら解決できる手段はデジタル技術だけ

　今、銀行を取り巻く経営環境は、デジタル技術の普及による顧客や社会の変化とともに、マイナス金利の長期化による収益の悪化、少子高齢化や地方経済の低迷、アジアの成長、異業種の金融ビジネス参入等、従来のビジネスモデルやサービスの概念に影響を及ぼすかもしれない環境変化で揺れ動いている。と

は言え、これらは銀行だけが直面している課題ではなく、多かれ少なかれ銀行の顧客の課題でもある。将来に向けて人口が急減するという社会的な変革期において、生産性の向上が求められるなかで、銀行はどのように貢献できるのか。戦後銀行が日本社会に果たしてきた役割を考えれば、環境変化は銀行にとって悪いことばかりでなく、新たな機会でもある。

　こんな考え方はできないだろうか。銀行のビジネスモデルに影響を与えかねない課題が山積しているが、銀行が、自ら能動的にコントロールできる要因はデジタル技術への取組だけだと。

　銀行以外の他産業では、デジタル技術を使って実物資産を持たずに、社会的な課題を解決するような新しいビジネスモデルを作り出したUberやAirbnbが出現した。その結果、同じ産業に属する既存企業を大きく上回る時価総額を獲得しているのはなぜだろうか。

　それはデジタル技術を使ったビジネスは不確実性が非常に大きいが、デジタル技術自体の進化が今後も継続する前提のもと、不確実性以上に新しいビジネスモデルが高い成長をもたらす可能性についての市場評価があるからだ。

　金融ビジネスにおいても、今後どのようなデジタル技術が利用されるかは、高い不確実性が付きまとう。しかも、初期段階での投資には相応のコストがかかる。しかしながら、不確実性が非常に大きいということは、それに対して傍観していた場合の反動や、誰かがそれに着手し成功させた場合のマイナスの影響は、それ以上に大きいということになる。銀行の経営としてコストがかかるからやらないという選択はもちろんあるが、「やれるように準備しておくことや、少しずつ着手してみることは、悪いことではない」と考えることはできる。

　そして同じくらいか、それ以上に重要なことは、若年層を中心にデジタル機器を使いこなす顧客が増えていることだ。そのような顧客の課題に対して銀行がデジタルの力を借りて解決策を提供し、それが顧客の支持を得れば、投資の不確実性の度合

いは下がり、"顧客を中心とした戦略的IT投資の好循環による銀行の価値の増大"が期待できるということだ。

つまり、銀行の努力で若年層に限らずデジタルを使いこなす人を増やせば、銀行の投資が成功する確率も高まるのだ。デジタル技術自体をどう取り込むかが目的なのではなく、銀行が顧客視点で課題を解決することが重要なのだ。

そう考えてみると、デジタル化に着手して、自らの手で顧客をデジタルサービスのファンにできれば、事業リスクをコントロールできることがわかる。着手することに懐疑的でいるよりも、相対的にリスクが低くなるということだ。デジタル化以外の選択肢がないことを理解し、投資すること。自らの手でデジタルサービスのユーザーを増やし投資リスクを軽減させること。この2つだけが銀行を取り巻く不確実な経営環境のもとで、銀行が自らの判断と努力で達成できることだ。逆に言えば、この2つのリスクテイクをしないことは、意図せざる破壊者によるデジタル自然淘汰を甘んじて受け入れるリスクを抱え込むことになるのである。

（4）デジタル・トランスフォーメーション

「ITが浸透することによって、人々の生活をあらゆる面でより良い方向に変化させる」は、2004年にスウェーデン、ウメオ大学のエリック・ストルターマン教授（現米インディアナ大学情報学部長）が、短い論文"Information Technology and the Good Life"で紹介したデジタル・トランスフォーメーション*の概念だ。

その後デジタルテクノロジー（モバイル、ビッグデータ、ソーシャル、クラウド）が世の中に急速に普及することで、それをプラットフォームとするUberやAirbnb等の新興企業がディスラプティブなサービス*を登場させた。

それに対し、製造業側、例えばコマツのセンサー付き建機、キヤノンのセンサー付きプリンターのように、顧客の利用データをもとに保守サービスを提供する事業、データ分析に基づく

デジタル・トランスフォーメーション
Digital Transformation もしくはDX：デジタルを使った既存組織・社会の変革。英語ではTransをXと略す場合がある

ディスラプティブなサービス
既存の業界を駆逐するような破壊的なイノベーション

新たなビジネスモデルに向けて変身を図るGeneral Electric Company（以下GE）のような大掛かりなデジタル事業変革などが着手されるようになった。このような既存企業のデジタル化がデジタル・トランスフォーメーションと呼ばれる。もちろん企業全体をデジタル化するパターンもあれば、デジタルとアナログを融通無碍に連携する組織に変革することも含む。既存企業がデジタル化することは、本質的に言えば、先進的なソフトウエア会社になることと同じである。もし企業がデジタル・トランスフォーメーションを選択しない場合には、デジタル自然淘汰の影響を被る可能性がある。

欧米の大手金融機関が続々と自社の将来像はソフトウエア会社であると表明する裏には、デジタル・トランスフォーメーションをしない限り生き残れないという危機感があるからだ。

人々の生活を豊かにするために、デジタル・テクノロジーを用いて産業のビジネスモデルを進化させることが、これからの時代の組織の最終的なゴールだとするならば、"金融業におけるデジタル技術の活用＝フィンテック"とは、フィンテック企業のサービスを取り入れるかどうかの問題ではなく、銀行の機能が人々の生活が便利で快適になるように支援すること、そのようなビジネスモデルをどのように構想するかということになる。

（5）金融庁が進める改革

当局主導でデジタル技術の活用に向けた制度のあり方が検討されている。

それが理由なのか、多くの邦銀にとってのイノベーション対応は、銀行として制度対応すれば良いと考えているように見受けられる。

しかし、よく考えてみてほしい。金融行政が大きな転換局面にあり、これまで銀行が拠りどころとしてきた「レベル・プレイング・フィールド（競争上の公平性）」自体が変化しつつある環境において、事後的に制度対応を行うことは逆にリスクを

高めないだろうか。

　現行規制でさえ、欧州のPSD2（欧州決済サービス指令の改正版）やシンガポールが導入したアクティビティ・ベース（行為規制）のような、より業界横断的な規制に変化する可能性は高い。つまり、銀行にとって現状維持自体が困難になるということだ。

　この2年間、連続して銀行法が改正された。この事実をどのように解釈すべきなのか。筆者の考え方はこうだ。
　規制や制度には違反すると罰金などが科されるハードローと、業界のルール、標準、さらには、文化や慣習を含めた広義のソフトローともいうべき世界によって構成されている。この構成全体は、外部のテクノロジーの進化や、政治、経済などの変化の影響を受けながら、変化を遂げる。あるメガバンク担当者は「多少の小口決済が銀行から外部の事業者に流出したところで、収益的なインパクトはそれほどではない。しかし何より怖いのは、"決済とは安く、便利なものだ"という印象を消費者が持つことだ」と語る。
　デジタル技術を使った新しい決済手段の利用が顧客の習慣となり、既成事実となり、やがてソフトロー部分に対して影響を及ぼす流れが作られる。そして、国民の福祉に悪影響を及ぼさない限り、それが追認される形でハードローの改正に結びついていく制度改正の流れが作り出されている。つまり、ハードローの改正を待ってから動くならば、世の中の動きに遅れてしまうのである。

　先に指摘した"デジタル・トランスフォーメーション"が、デジタル技術活用の最終形として政府や、他産業、ユーザーを含めた"人々の幸せな生活"のために変化を遂げるとする。そのときは、これまで銀行が主体となっていた決済制度等の検討でさえ、銀行に限定しないオープンなガバナンスの下で人々の声を反映されることになるだろう。事実、英国・豪州・南アではすでに決済制度のルール決定には、金融機関を含むユーザーの

声が反映する新体制が構築されている。フィリピンにおいても、非金融事業者やユーザーを含めた決済システムの新しいガバナンス体制の構築が最終段階にきている。

　「フィンテックへの対応は、メガバンクが市場を作ってくれるから、地銀はそのもとでどう生きていくか考えれば良い」と、昔からの階層構造が不変だと思っている銀行関係者は言いそうである。日本の金融産業は、"規模の大きいものでもなく、賢いものでもなく、環境に適合したものだけが生き残る"ピボットポイント（重要な転換点）にいることに銀行関係者は気がついていないようだ。

　規模が大きい金融機関はリスクテイクできる許容量も大きいが、巨体を方向転換させるのは容易ではない。デジタルな金融サービスは、世界を見回しても成功モデルはまだ見出せてない。これからは、むしろ経営規模に関係なく自ら創意工夫して、顧客に価値を提供する新しいビジネスモデルを打ち出した銀行だけが生き残る時代に来たのである。

2

世界ではすでに
金融秩序の破壊が
始まっている

I'm predicting that over the next 10 years we will see a number of very significant disruptions in financial services, let's call them "Uber moments".

Antony Jenkins
Former CEO Barclays

私は、次の10年で金融サービス業界が、いくつかの重大な破壊に直面すると予言する。それを"ウーバーの瞬間"と呼ぼう。
アントニー・ジェンキンズ

（1）銀行が直面する破壊的な瞬間

既存銀行に変革を迫る英国政府

英国では、ハイ・ストリート・バンク（繁華街にある銀行）と呼ばれる四大銀行（Barclays、HSBC、The Royal Bank of Scotland、Lloyds）による寡占状態が長く続いた。四大銀行資産の合計が80％を超過するような寡占的な状況が出現したことによって利用者不在でサービス価格が高止まり、競争回避的な動きにつながった。

2000年に取りまとめられた"クルックシャンク・レポート"やその後数次にわたって報告された第三者レポートにおいて、銀行市場における競争回避的な動き＊があることが報告された。それ以降、英国議会、金融当局および公正取引委員会は、銀行間の競争促進によってこの状況を改善すべく、銀行に対し競争促進的な制度を導入し始めた。

政府が動いた背景には、金融危機後の救済合併が寡占度を高める方向に作用したこと。ハイ・ストリート・バンクが、金融危機で大きな痛手を負い、顧客を満足させるための追加的な投資負担には耐えられない状況があったこと。そしてこれを放置した場合、英国銀行業界全体の競争優位が崩れ、これまで金融都市ロンドンが築いてきた地位も低下しかねないとの危機感があったからだ。

英国政府は、「消費者に多様な選択肢を提供する」ことを掲げ、銀行業界に"新たな競争の枠組み"を提示し、既存銀行のビジネスモデル刷新を進めて競争力を回復させる一方、フィンテック産業支援策を打ち出して、ハイ・ストリート・バンクに取って代わって経済を牽引できるセクターを作り上げる方針を明らかにした。

英国政府の危機感を踏まえた第1の政策は、2008年に導入されたファスターペイメンツ＊の導入だ。

当時、大陸欧州側で、SEPA（欧州単一決済圏）が誕生し、国境を超えた資金決済の利便性が拡大しており、英国がその流

銀行市場における競争回避的な動き
市場シェアの大手集中・消費者による口座スイッチの回避・価格競争を回避するような業界慣行・価格の不透明性や参入障壁の存在など

ファスターペイメンツ
FPS：Faster Payments Services 24時間365日稼働するリアルタイム決済

れに遅れると致命的な影響を受ける可能性があった。当初の議論では、これまで英国内での資金決済に3日を要していた決済期間短縮が要請されたが、やがては決済システムの稼働時間の延長が提示されるようになり、延々と継続する交渉に対し、どのような将来の投資計画を組んだら良いかわからなくなった銀行団が、これ以上文句を言われないためにも24時間365日を飲んだという経緯がある。その後、競争促進政策の一環として、決済システムに顧客の当座預金口座をスイッチするメカニズムが組み込まれた。また、将来的にはファスターペイメントの仕組みの上に、多様なアプリケーションを提供し決済の付加価値を向上させる方針も検討された*。

第2の政策は、積極的なフィンテック支援策だ。

2010年にキャメロン首相（当時）がシリコンバレーを強く意識して、ロンドンをインターネット関連ビジネスの一大集積地とすべく、イーストエンド地区を中心とする"Tech City構想"を立ち上げた。これを受けて民間側がカナリーワーフ地区にフィンテックの一大集積拠点であるLevel39*を立ち上げるなどの動きが続いた。こうした政策面の後押しもあって2014年時点で約3.2兆円の経済効果と13.5万人の雇用創設効果につながったという。

2013年にはBBB（British Business Bank）を設立（後にDepartment of Business, Innovation and Skills：職業・イノベーション技能省に統合）し、スタートアップ企業に対するファイナンスを民間金融機関（チャレンジャーバンクやP2Pレンディング業者を含む）とのタイアップによって実行支援する体制が整備された。

また、2014年にはFCA*によって金融サービスにイノベーションを促進するための"Project Innovate"がスタートした。

プロジェクトでは、①サンドボックス（革新的なイノベーターに対し、現行法を適用することなく一定範囲で安全な実験環境を提供すること）、②テーマウイーク（関係者が一同に会し特定のテーマにおける規制上の課題を共有するセッションを開催）、③レグテック（規制報告やモニタリング、規制適用の可

ファスターペイメントは、Vocalink社（英銀大手18行による共同所有）によって開発、運営されている。しかしPSR（Payment System Regulator）は、銀行団がVocalinkを所有することがイノベーションを阻害するとして、株式売却を提言。2016年、マスターカードが11億ドルで買収することになった

Level39
フィンテック企業向けの支援施設：共用オフィスや事務サービス、固定費部分を提供している他、メンタリングも行なう

FCA
Financial Conduct Authority：金融行為規制機構

否判断などにデジタルテクノロジーを活用する)、④クラウド(特にパブリッククラウドを活用したITアウトソーシングに関する法的な適用範囲を明確化)、⑤デジタル化とモバイル化に関する阻害要因の把握(イノベーション阻害要因もしくは促進要因に関する規制や政策上のあるべき姿を理解)などが盛り込まれた。特にサンドボックスの概念(承認基準、規制の適用方法、顧客保護の考え方)が世界的にも初めて公開されたことによって、スタートアップにとってサービスの投入時間の短期化など将来の事業構想が立てやすくなり、資金調達にも好影響がおよぶことが期待された。

　第3の政策は新規参入銀行(チャレンジャーバンク)に対する規制緩和だ。

　2013年から当座預金口座スイッチング・サービスを開始し、銀行口座の変更に関する制約条件が解消された。2013年にイングランド銀行とFSA(当時)が、新規参入銀行に対する諸要件の緩和を公表。2015年には、FSAの後任組織であるFCAの監督権限について、金融機関や市場の競争にかかわる分野においてCMA(Competition & Markets Authority:市場競争規制庁)と共管とすることが定められ、金融機関の競争促進に対して、金融業界以外の声が反映されやすくなった。

(2) バンキング・ウーバー・モーメント

アントニー・ジェンキンスの警告

　前項で紹介した英国のハイ・ストリート・バンクの取組みに対して悲観的な立場を取り、よりドラスティックな改革を進めることを提言しているのが、2012年から2015年まで英国Barclays銀行のCEOを務めたアントニー・ジェンキンスだ。彼は、金融危機で大きな痛手を蒙ったBarclays銀行再生のためにCEOに就任し、投資銀行部門の売却、リテールや商業銀行業務への回帰など、大胆な戦略を次々と打ち出した。しかし、切り離した旧投資銀行部門による、LIBOR疑惑による罰金支払い、外国為替ビジネスにおける不正摘発、HFT*をめぐる違反行為など

HFT
High Frequency Trading:
株式の高頻度取引

| 第2章 | 世界ではすでに金融秩序の破壊が始まっている

によって責任を取らされ、志半ばで退職を余儀なくされた。

　彼は銀行業界で"ミスターナイス"と呼ばれる好漢だったが、早急な改革が足元の収益責任を担う守旧派との間の軋轢を生んでしまったのだ。彼は退職後に王立国際問題研究所（チャタムハウス）において講演を行い、バンキング・ウーバー・モーメント（銀行が直面する破壊的瞬間：Uberのサービスでタクシー業界が壊滅的な打撃を蒙ったように、銀行が新しい技術によって、破壊的な影響を受ける可能性があることの含意）と題した印象深いスピーチを行っている。「現在銀行業界は、非常に厳格な規制の下で、資金を提供するだけの存在で株主が容認し難い低収益に喘いでいる」、「私の見解では、このような深刻な変化はデジタル化によるもので、わずか一握りの勇気ある銀行だけが、この新しい環境で生き残る可能性がある」、「市場は、（ノンバンク等の）ライバルと同じペースでは新技術を実装できない既存の大銀行に大きな圧力をかけるだろう」、「結局のところ、この外部の力は、私が"銀行のウーバー化"と呼んでいる、既存大銀行に対して業務の大幅な自動化を強いることになるだろう。私は、金融サービス部門で雇用されている人員と支店数が、今後10年間で50％程度減少すると予測している」。

　アントニー・ジェンキンスは、さらに次のような警鐘を鳴らしている。

　「現時点のフィンテックの動きは、フィンテック1.0と言える初期的な段階だ。これまで大量の資金がフィンテック業界に投資されたことで、今後本格的な銀行業務をデジタルにトランスフォームする動きが出てくるに違いない」。

　この流れを乗り切るには、次の3つに留意すべきだと彼は主張している。

　「まず、銀行の経営陣は、現在銀行業界が非連続な進化の途上にいることを自覚して、リニアな取組み（直線的に進むやりかた）＊では対応不可能で、これまで誰も挑戦したことがないようなやり方で、大きな、それでいて計算できるリスクテイク

リニアな取組み
エクスポネンシャル（指数関数的な成長）に対する反語的表現

を行うべきだ」

「第2に、これはテクノロジー戦略の話ではなくて、中核的な銀行業務の話であることを認識すること」

「最後に、リーダーたるものは、これまでとは違うやり方で組織をリードすべきこと。私の経験だと、シニア層になればなるほど、リスク回避的な傾向が高まる。だから、競合よりほんの少しだけ気が利いたことをする戦略が、今となっては、最もリスクが高い行動であることを認識すべきだ」と強調している。

アントニーはその後、10× Future Technologies（10倍の将来技術）というスタートアップ企業を自ら立ち上げ、ウーバー・モーメントが訪れても銀行が生きていけるように、新しいコアバンキング（勘定系システム）の開発を進めている。

アントニーの銀行が直面するリスクに関する発言は、傾聴に値する。なぜならシリコンバレーのムーン・ショット*である"指数関数的に急激に進化するテクノロジー"というムービング・ターゲットの考え方をきちんと踏まえたうえで、元大手銀行CEOとしての経験から、銀行経営者がどのように行動すべきかを示唆しているからだ。

つまり、これまでの直線的に変化する世界なら、じっくり考えて、先行する競合を少しだけの工夫で凌げば、シェアを失わずに済んだ。だから、経営者にとってそれ以上のリスクは取る必要がなかったのだ。しかし、一夜明けたら破壊的なビジネスモデルが登場するような不連続な進化が頻発する世界において、失うものがないスタートアップが短い時間で戦いに挑んでくる中で、時間を浪費して立ち止まることが、ウーバー・モーメントという巨大なリスクを呼び込むことにつながるということを的確に指摘している。

チャレンジャーバンクの登場

英国政府の後押しもあって2010年以降、多数のチャレンジャーバンクの参入が実現した。一口にチャレンジャーバンクといっても、Metro Bankのように米国系地銀創業者の出資によ

ムーン・ショット
ムーアの法則やシンギュラリティなどテクノロジーの進歩が示され、シリコンバレーの到達目標となっている考え方。第5章参照

る有人店舗の参入形態や、Atom Bankのようなモバイル専業銀行、Lloyds TSB（TSB：Trustee Savings Banks）が公的資金投入によって分割されTSB部門がスピンオフした分割型の創業、Northern Rock銀行救済のためにリチャード・ブランソンが出資をしたヴァージンマネーのような形態等、多様な業態がある。

　また、スペインのBanco Santander（以下Santander）等の外資系の進出も加えれば、英国民にとっての銀行サービスの選択肢は各段に広がった。

　英国の新聞が報じるところによれば、Metro Bankが店舗戦略を強化し、一等地に日曜も営業する店舗を出店している一方で、四大銀行の一角でリテール部門に強いHalifaxとBank of Scotlandを抱えるLloydsでは、銀行への電子的なアクセスが、全取引の55％にも上っており、それを受けて不採算店舗の削減を進めるという対照的な事態が発生している。また、チャレンジャーバンク自体が増えすぎて、与信判断を行う銀行業務経験者が不足している状況もある。

　2013年9月に解禁された当座預金口座のスイッチング・サービス（The Current Account Switch Services）は、銀行をまたいだ顧客の口座移動を容易にさせる仕組みだ。これまで、英国では銀行口座の移動が頻繁ではなく、クレジット・カードへの登録や給与振込の登録の煩雑さがその原因とされていたが、本サービスでは、Payments Councilが運営するシステム上に旧口座と新口座の紐付け状況を13カ月間保有し、旧口座への振込等が発生した場合に新口座へ振り替え、送金人に対し受取人が口座を移設したことを伝える。ちなみに利用料は無料である。

　サービス開始後、銀行間の移行状況を開示するようになったが、最近の開示情報では通算で2800万人（口座数全体の約4.5％に相当）がスイッチングを実施し、スイッチ後に口座が増加した銀行はSantander、Halifax、Nationwide、TSBで、減少に転じたのは大手銀行のBarclays、National Westminster Bank、Royal Bank of Scotlandとなっている。いくつかの銀行では、ス

イッチングを促進するようなインセンティブが提供されているため、今後もこの状況が継続するかどうかはわからない。とはいえ、当初CMAが想定していた移行率の5%に近くなっていることもあって、市場では英国における銀行サービスの選択肢は、かなり充足されたと考えられている。

共有される企業信用情報

　2014年12月、英国では政府による新たな中小企業振興策として、フィンテックなどのベンチャーや中小企業が申し込んだ融資案件を銀行が謝絶した場合には、当該企業のクレジットスコアなどの企業信用情報を、他行やノンバンクのクラウドファンディング*業者と共有することが決定された。企業信用情報の開示は、CRA*のデータベースの共有で実現される。

　これまで企業の信用情報が共有されなかったことで、特にノンバンクが競争上不利な立場におかれ、借主にとっても資金調達の機会に恵まれなかったことに対応するものだ。今後は当該スキームに加えて、国策としてクレジット情報を共有化させる新たな機関（Credit register）を立ち上げることも検討されることになっている。

クラウドファンディング
不特定多数がインターネット等を通じて資金を必要とする人に資金提供行うこと。群衆（crowd）と資金調達（funding）を合わせた造語。英国ではクラウドファンディングによる事業資金の提供が全体の14%程度に達するなどの成長を遂げている

CRA
Credit Reference Agencies 与信情報照会機関

消える銀行店舗

　HSBCは、過去2年間で支店ネットワークの1／4を閉鎖した。調査会社which?社によると、2015年1月から2016年12月までに四大銀行ではHSBCが店舗網の27%、RBS（National Westminster Bankを含む）10%、Lloyds 14%、Barclays 8%と続く。最も閉鎖店舗が多かったのは、協同組合系の銀行で全支店網の53%に及んでいる。通算すると英国における銀行店舗は同期間において全体で1000店舗、支店網の11%が消えた計算になる。

　支店網の削減を地域別に見ると、ある傾向が明らかになる。富裕層の居住地では事業拡大が進む一方で、低所得層が多い地域では集中的に支店閉鎖が進展している点だ。支店が閉鎖された地域の90%以上は、家計所得が英国平均値（2万7600ポン

ド）を下回る。一方で新規開設やサービスレベルを向上した支店もあり、その多くはチェルシー、カナリー・ワーフ、クラパム・ジャンクション等、富裕層が多いか人口密集地域だ。

　店舗削減が進む一方で、オンラインバンキングは急激に普及している。2017年に英国銀行協会が発表した報告書"App-etite for the Banking"（銀行に対する欲求：App- と表示されていることから銀行サービスのスマホアプリ化を暗示している）によると、銀行アプリを日常的に利用している顧客は1年間で12%増加し、1960万人となり英国成人人口の37%を占めるまでに成長している。アプリ経由の決済用口座へのアクセス回数が354%増加するなど有望な顧客接点になる一方で、Webからアクセスする従来型のインターネットバンキングは11%減少、電話によるコールセンターのアクセスも17%減少している。また、ビデオによる相談やテキスト文章を使ったアラートメッセージの送信は20%程度成長している。チャネルのシフトは2022年に向けて一層拡大すると考えられており、アプリ経由のアクセスは平均で121%の伸び、インターネットバンキング経由は60%減少、コールセンターは30%の減少が見込まれている（いずれも英銀大手8行を対象にした調査）。

　消える銀行店舗のトレンドは米国でもほぼ同じ傾向だ。
　2009年以降、米銀全体で店舗数を減少させる傾向が続いており、2009年から2016年までの平均閉鎖店舗数は1129店舗に達する。さらに過去4年間ではその平均を上回る減少が続いている＊。
　大手米銀4行（Bank of America、Citi、JPMorgan Chase、Wells Fargo）は3000〜6000店舗の支店ネットワークを有しているが、2016年10月の調査では、Bank of Americaが先年度比で389店舗閉鎖しており最も多い。Wells Fargoは、大手行のなかでも最大規模の6300の支店ネットワークを有しており、これまで商業銀行業務を中心に行ってきたこともあって支店閉鎖に消極的だったが、2017年1月にデジタル化の進展を受けて方針を転換し、2年間で400店舗以上を閉鎖する構想を発表している。

Washington Post (2016/4/19) "Say good-bye to your neighborhood branch" Business Insider (2016/10/23) "America's biggest banks are closing hundred of branches"

大西洋を挟んで英国と米国で共通しているのは、支店閉鎖のトレンドだけではなく、優良顧客が多い繁華街においてはコーヒーやお茶を出すなど、手厚いサービスを売り物にする店舗を増やしている傾向だ。店舗戦略は富裕層・中間層向けに質の高い店舗サービスにグレードアップを図る一方、低所得層には店舗閉鎖とデジタルバンキングへの誘導を行っている二極化が進展しているといえる。

（3）　政府が舵を取るシンガポールのイノベーション

国家主導型開発の歴史

　シンガポールは人口約600万人の小国だが、地理的な要衝にあってアジアにおける貿易、交通および金融の中心地のひとつである。流動性の高い外国為替市場を有し金融センターとして世界第3位、世界の港湾取扱貨物量でもトップランクを維持する。

　世界第3位の一人当たりの国民所得を誇るが、同時に世界有数の所得格差も存在する。東京23区とほぼ同じ狭小な国土で、天然資源がほとんどなく水でさえも隣国からの輸入に頼っている現状から、知的資産の活用を主眼とした経済運営がシンガポールの成長にとって不可欠だった。

　シンガポールの経済産業政策の基本は、外国企業の資本と技術を吸収し、それをレバレッジする戦略だ。その成長パターンとは、まず政府が港湾、道路、電力、工業団地などの基礎的な産業インフラ整備を集中的に進める。次に、税制上の優遇措置や外資に対する出資比率を緩和し、極めて自由度の高い外資導入政策の下で外国資本と技術を誘致する。そして、国民が労働力を提供し、生産した製品をASEAN域内を中心とする海外市場に輸出する長期的な計画に立脚した「国家主導型開発」と呼ばれる手法である。

　長期的な計画立案についてシンガポール人が自慢する逸話がある。

ASEANのハブ空港であるチャンギ国際空港は、1981年に開業しターミナル1がオープンしたが、その際に最初に作られたゲートの番号は"C"と"D"であった。ターミナル2のオープンは10年後の1981年でゲートは"E"と"F"、2008年にオープンしたターミナル3になってようやくゲート番号に"A"と"B"が採用された。シンガポールはチャンギ空港の建設を30年程度の超長期計画に基づいて進めていたことになる。

　シンガポールにおける外資導入は、ジョイントベンチャーによる技術ノウハウ取得から開始された。まず日本（セイコー）、ドイツ・フランスの先進各国を競わせながらそれぞれ合弁企業を設立させた。セイコーとの合弁は時計の修理工場だった。時計の修理には分解して再度組み立てる工程が含まれるが、シンガポール人は分解・組立てというリバースエンジニアリングを通じて時計の仕組みを理解した。当時の外資との合弁企業はやがて教育の場に進化し、テクノロジー系の大学ではアジアトップクラスの南洋理工大学設立の基礎につながった。現在では、南洋理工大学とともにシンガポール国立大学の2校が産学連携R&Dの中心となって機能している。
　学習によって身につけた技術は、やがてASEAN域内にむけた輸出に向けられる。
　天然資源のないシンガポールにとって、このようなサイクルを回すことが有効な外貨獲得手段なのである。現在このスキームは外資企業の積極的な誘致を担うEDB（Economic Development Board）と情報関連のイノベーション政策を推進するIMDA（Info-communications Media Development Authority）、A*STAR（Agency for Science Technology and Research）が中心になって取りまとめ、都市国家であるシンガポール自体が実験台となってスマートシティ構想が推進されている。おおよそ日欧米で開発された先進テクノロジーをシンガポールが真っ先に導入し、その成果を域内諸国中心に輸出するパターンが確立されている。
　欧米金融機関のアジア統括拠点がひしめくシンガポールは、

フィンテックやイノベーションラボを誘致するべく、税制上の恩典を供与する一方、テクノロジーの標準化や規制緩和を進めて、アジアにおけるフィンテックハブとなるべく規制当局（MAS）自身が旗振りを行っている。

その背景には金融業がGDPの12%を占めるなかで、伝統的な金融業が不振に陥った場合、シンガポール人の雇用を維持することが困難になるという大きな危機感がある。

実際にシンガポールでは、サブプライム金融危機以降、欧米金融機関が賃借しているビルから撤退し、オペレーション規模を縮小するケースが相次いでいる。建国の父、リー・クアンユーを亡くし、これからのシンガポールの成長を描くにあたって"フィンテック"は有望な分野となったのである。

MASのフィンテック推進策は、まさに過去からの国家主導型開発アプローチを踏襲している。MAS長官ラビ・メノンが「ギーク（おたく）が世界を支配する」とフィンテックへの長期的なコミットによる「スマート金融センター構想」を宣言。30以上の一流金融機関のイノベーションラボを誘致し、それら機関のブランドも使いながら、周辺国も含めて優秀な人材を集め、フィンテック導入にかかわるオープンAPIの標準化を行った。これはアプリケーションの機能や管理するデータ等を他のアプリケーションから呼び出して利用するための接続仕様等を指し、なかでも、銀行ではないサードパーティ（フィンテック企業等）からもアクセス可能にできるまでにAPIをオープン化するため、"Play Book"と呼ばれる活用マニュアルを作成した。

この"Play Book"は、シンガポール国内や銀行の活用に限定せず、かつ金融取引のみならず規制報告をも含んだ網羅性の高い内容となった。まさに国境を超えてオープンにAPIを活用していくという構想を示したものであり、国が主導してこその成果と考えられる。

MASはさらにデジタル・イノベーション導入にとって重要なインフラとなるパブリッククラウドの利用方針についても、

これまでの規程の大幅な見直しを行い、レギュラトリー・サンドボックス*の構想を明らかにして、フィンテックハブとしてのシンガポールをより魅力的に見せる方法を忘れていない。

フィンテックブリッジは法的拘束力はないが、フィンテック事業者が相互進出することによるフィンテック産業の拡大を企図したものだ。シンガポールは英国とともにフィンテック関連の法制度では世界の最先端を走っており、協定を結ぶ相手国と比べるとシンガポールがより先進的であるといえる。シンガポールは法制度の面で自由度が高く、結果的に相手国からフィンテック事業者をひきつける可能性があり、それが人口が少ないというシンガポールの弱点を補うことにもなるのだ。

こうした一連の施策は2016年11月にMASの声がけで1万1000人を集めた"フィンテック・フェスティバル"においてマーケットにしっかりと認知された。フェスティバル開催の第一声をニューヨークで行なう凝りようである。

行政と民間のフレンドリーな関係

MASは、進出済みの日欧米の有力金融機関を集めたアドバイザリーボードを運営している。最近では自動車レース・フォーミュラー1のシンガポールグランプリレースが開催される9月に各社のCEOを集めて年次ミーティングが開催されるが、この場でMASの方針が共有され、有力金融機関を巻き込んだイニシアティブが構築される。

例えば、シンガポールは域内の富裕層の獲得を目指して資産運用会社が集積しているが、MAS自身も余資運用手段として資産運用会社を活用している。近年では運用会社のセレクションにおいて、単に投資パフォーマンスだけでなくシンガポールの人材を活用してイノベーションに貢献すれば、当該企業に対し、資産運用額自体を増やすなどのインセンティブが与えられている。

MASのフィンテックをリードするのは、Citiでシンガポールのイノベーションラボを率いていたソプネンドゥ・モハンティだ。彼が精力的に世界を飛び回ることによって"フィンテッ

> レギュラトリー・サンドボックス
> 既存の規制制度の中に特区を設けて、新たなビジネスアイデアを実験する場を整備しつつ、金融イノベーションを促進する仕組み

ク・ブリッジ"が、ますます拡大している。

　MASの方針は三大銀行（DBS、OCBC、UOB）とともにシンガポール銀行協会（ABS）と共有され、銀行協会の活動を通じてASEAN銀行協会（ABA）とも共有される流れができあがっている。シンガポールは一党独裁であるため"明るい北朝鮮"と揶揄されることがあるが、行政当局自体が民間セクターと良好な関係のもとで国家的なプロジェクトを組成し推進する特徴がある。行政と民間の間にはビジネスフレンドリーな関係が構築されているほか、労働市場が非常に流動的で、Citi出身のモハンティのように、国が推進するプロジェクト単位で民間と行政当局を行き来してキャリアを積み上げるような人材開発育成の経路が確立されている。

国家が直面するデジタルトランスフォーメーション

　デジタル技術を使った新興企業が既存ビジネスに対して破壊的なイノベーションを仕掛け、それによって業界の変化が発生する"デジタル自然淘汰"が実際に起こり、各業界において自社ビジネスのデジタル化が志向されている。

　エリック・ストルターマンによるデジタル・トランスフォーメーションの定義である「ITが浸透することによって、人々の生活をあらゆる面でよりよい方向に変化させる」に従うと、既存企業が自社のビジネスモデルをデジタル社会に適合させ、ひいてはステークホルダーを含めてデジタル化の仕組みを社会全体に行き渡らせることを"デジタル・トランスフォーメーション"と認識することができる。

　これらを踏まえたデジタル・トランスフォーメーションは、個別企業にとどまらず国の競争力を左右するものとしての認識が高まり、国家として"デジタル・トランスフォーメーション"に取組む動きが現実化しつつある。

　現在、政府のデジタル・トランスフォーメーションの必要性が議論され、すでに政府内に対応組織を作り上げている国もある。豪州では2015年にデジタル・トランスフォーメーション・オフィスが設立され、市民がデジタル化された認証手段を通じ

て、公共サービスにアクセスすることを目指している。英国では、2016年に英国政府のデジタルサービス推進に向けたアドバイザリーボードが設置されている。米国では、ヘルスケア、移民、人口センサス調査等の分野においてデジタル活用を進めようとしている。

　これらの国々において認識を高める契機になったと考えられるのが、2016年のダボス・世界経済フォーラム（World Economic Forum）において創設者で議長でもあるクラウス・シュワブによるスピーチだ。ダボスでは、2014年以降、フィンテック、新興デジタル技術に関する世界的な調査を公表してきた。クラウスは、自著『第四次産業革命』*を引き合いに、テクノロジーの進化を最大限に活用することで、社会と経済を革新していくことの重要性を世界のリーダーたちに力説した。デジタルの社会的な普及によって物理的な世界や組織、バーチャルと現実の境、生物学的な境界が曖昧になり、社会変化の速度、社会や組織の区分や範囲、システムが直線的ではない非連続な変化を遂げることで、モノ作り、マネジメント、ガバナンスが変化を遂げることに対して、政府部門としても対応すべき時が来たという認識が背景にあったのだ。

*『第四次産業革命──ダボス会議が予測する未来』2016 日本経済新聞出版社

3 日本の金融危機が生んだ特殊な状況

You can't connect the dots looking forward; you can only connect them looking backwards.
So you have to trust that the dots will somehow connect in your future.

Steve Jobs
co-founder of Apple Inc.

未来を見て点と点を結ぶことはできない。過去を振り返って点を結ぶだけだ。だから、将来のどこかにおいて、点は結ばれると信じることが大事なのだ。
スティーブ・ジョブス

（1）今も残る金融危機の爪痕

外科手術を拒んだ日本

　全国銀行協会は、お金と銀行の役割を人体に例えて次のように表現している。「経済社会を血液のようにめぐるお金。「人」「企業」「国・自治体」は、お金の流れが止まれば活動がストップしてしまいます。銀行は「人」「企業」「国・自治体」などにお金という血液を送り込む心臓のような存在といえます」。

　この例えを踏まえると金融危機は、血液の流れが異常をきたす動脈硬化を原因として"心筋梗塞"や"脳出血"が発生したようなものだ。それに対して"心筋梗塞"を外科手術で短期間に治癒させる方法と、病気自体の悪化を防ぎながら"動脈硬化"を漢方薬と自然治癒で直す方法がある。

　前者は痛みが伴い患者が死亡するリスクもあるが、退院すれば正常な活動に復帰できる。後者は人間らしく自宅療養を続けられるが、筋力や体力の消耗、何より貴重な時間を浪費してしまう難点がある。

　前者を選択したのがスウェーデン（スウェーデンの事例については後述する）。日本は後者を選択しようとして失敗し、前者に追い込まれた。

　日本は失業率の悪化を食い止めるため、抜本的な外科手術を避けてリスクを社会全体で受け止めた。その結果、不要不急の支出や利益を生まないオペレーションは縮小された。あおりを食ったのが研究開発と海外拠点の国際的なビジネスだった。特に、不良債権が銀行の貸出債権という形で発生したことで、その全貌を把握するタイミングが遅れた。日本版ビッグバンによる急速な市場化の洗礼は、大蔵省が解体され財務省と金融監督庁が誕生するなど行政にも大きな影響が及び、銀行業界と当局との良い意味での協調的な活動も縮小した。

　完治までに時間を要するうちに、海外発の危機がさらなる課題を作り出した。2008年のサブプライム危機では、次なる金融システムの主力と期待されていた市場型金融システムが大き

く傷つく事態に陥ったことは記憶に新しい。その結果、リスクが複合的に積み重なって、産業経済が知識経済に向かう大きなトレンドに対する打ち手を講ずるタイミングを逸し、銀行業においても長期的な成長プランが描きにくくなったのが日本の実態だ。

この間、銀行はコストを抑制し、償却原資を作り出すためにIT部門を外部化し、システムの共同化というアウトソーシングを実行した。子会社を活用したスキームやベンダーとの協業スキームなど、銀行によって差異はあるが、概ねほとんどの銀行でコスト削減策が採用された。

ITアウトソーシングは一時的に大幅なコスト削減のメリットにつながったが、銀行内のIT部門の要員が大幅に削減されたことによって、銀行のITに対する組織的な知見が散逸することにつながった可能性がある。

本章では、金融危機が社会全体に伝播し時間をかけながら鎮静化するなかで、成長をもたらす経済のダイナミズムがどのような影響を受けたか、副産物としてのITアウトソーシングがデジタル・イノベーションの取入れにどのような影響を与えるかについて検討する。

(2) 北海道拓殖銀行の破綻から学ぶ

官営特殊銀行としてのプライド

2017年は北海道拓殖銀行の破綻から20年目の節目の年にあたる。

筆者は、バブル前の1983年に北海道拓殖銀行に入行し、支店を経て国際資金為替部での為替・資金ディーラーからニューヨーク支店駐在となり、97年の破綻の後に国際会計事務所KPMGに経営コンサルタントとして入社した。

1997年11月17日は拓銀破綻の日となるのだが、その前夜の11月16日、サッカー日本代表がイラン戦で勝利を収め、翌年

のフランス・ワールドカップ出場を決めた"ジョホールバルの歓喜"で日本中が沸いている中で、TVに「拓銀破綻」のテロップが流れた。

「こっちはドーハの悲劇だ」電話してきた同じ社宅に住む同期がそう言っていた。

筆者は外貨資金を扱う部署にいて銀行の流動性の残高はだいたい頭に入っていたから、いつこの日が来てもおかしくないことは認識していた。山一證券にいた学生時代の同期が「大丈夫か。何か力になれることがあれば言ってくれ」と電話をくれた。山一證券も一週間後に同じ目に遭うとは皮肉な話だった。

その日を境に日本は急速に金融恐慌に突入していくことになる。

北海道拓殖銀行（拓銀）は、もともと1900年（明治33年）4月に北海道拓殖銀行法によって設立された官営銀行である。1900年は、第二次山縣有朋政権下で義和団事変などが起こった年だ。当時の拓銀は、「北海道ノ拓殖事業ニ資本ヲ供給スル」（北海道拓殖銀行法第1条）を目的に債券発行で入手した長期資金を、北海道のインフラ整備に投資する国策銀行だった。1939年の法改正によって短期資金も扱えるようになり、急速に業容を拡大し戦前には樺太に支店を持ち、北海道内でも他行を合併するなど、ほぼ道内一行体制が確立していた。

ところが1952年の長短金融分離政策で長期信用銀行法が作られ、1955年に拓銀は金融債を償還し、長期金融機能自体が設立されたばかりの日本長期信用銀行に移管することになった。日本興業銀行と長銀が長期金融機能を担うことになり、これまで長期金融を担っていた日本勧業銀行と拓銀は民間の短期金融機関に衣替えしたのだ。長銀の設立にあたっては、拓銀が人材提供も含めて立ち上げの支援を行った。その後、長期金融機能は制度として長銀に移管されたが、ほとんどの人材は拓銀に残ることになった。勧銀と同じ特殊銀行として設立された拓銀には、55年間にわたる国策銀行の歴史が染みついており、機能は移管されても国策銀行としての企業文化や高いプライドはそのまま拓銀に残ることになった。

破綻後の拓銀を引き取った北洋銀行の武井正直頭取（故人）は、「旧・拓銀、人材は豊富だとつくづく感心したね。でも、もともとの北洋とは"文化"が決定的に違った。しょせん国策で形作られた経緯をそのままに、破綻に至る最後までコロニアル・バンクって英訳が罷り通るのは時代錯誤も甚だしい」と述べている*。

「武井正直北洋銀行元頭取を悼んで」2012年2月中村美彦「札幌発クール便」（ブログ）

変えられなかったビジネスモデル

日本経済の高度成長は、民間設備投資が主導する重化学工業化が推進されることで実現した。先発する他の都市銀行は、大企業を中心に融資系列を形成して業容拡大を遂げたが、北海道のメインバンクである拓銀は、道内の斜陽化した一次産業からの資金回収が遅れ、高度成長の流れから取り残されてしまった。北海道経済は、脆弱な第一次産業が中心で、頼みの石炭産業も石油へのエネルギー革命の進行で閉山が相次ぎ、第二次産業の誘致が遅れたためテイクオフに時間を要することになったことが原因だ。

その後、拓銀は万年都市銀行最下位の汚名を返上すべく、東京進出によって企業取引を強化し、北海道では本州での活動余力を捻出するため、北海道銀行に店舗を譲渡して相互分業を図る作戦に出た。しかし都市銀行による融資系列化はすでに出来上がっており、東京では北海道とは縁の薄い企業取引に注力することになった。結局、店舗譲渡を契機に経営基盤を拡大した北海道銀行が拓銀の競合として成長したことで図らずも、本州と北海道という長距離の兵站を抱える経営の二重構造をもたらすことになった。

経営基盤の脆弱さとは裏腹に、拓銀は長年北海道開発の実施機関であり、道内におけるリーディング金融機関として道市町村の公金を預かるなど北海道民の信頼を得ていた。拓銀本店のあった札幌の歓楽街"すすきの"では、社員章で酒が飲めるくらいだから地元からの信頼は厚かった。北海道経済界の要職はほとんどが拓銀頭取経験者で占められ、選挙に立候補する者の多くが拓銀頭取に挨拶に訪れるなど政治的な影響力もあった。

こうしたステータスは北海道内では別格で、東京や大阪に本店を置く大銀行に匹敵した。

インキュベーター路線の破綻

1990年に拓銀経営陣は米国マッキンゼー・アンド・カンパニーに、あらたな成長路線を描くよう依頼した*。先発都市銀行との差は大きく開いており、横浜銀行や千葉銀行などの上位地方銀行からの追い上げも厳しい状況を何とか打破するためだった。

マッキンゼーは首都圏の小口貸出・富裕層ニューリテール・アジア海外の三本柱に絞り込む提案を行ったが、そこに拓銀首脳から企業成長と不動産融資を絡ませたインキュベーター路線が示され、営業と融資が一体化した総合開発部が設置された。

外部のお墨付きを得て拓銀は不動産取引に傾注し、巨額の貸し倒れを発生させていったのである。これが拓銀破綻のトリガーを引く案件を多く発生させる直接の原因となった。

行内では、インキュベーター路線を主導する一部の首脳が人事権を掌握し拡大路線を突っ走った。心ある行員が拓銀の問題点に警鐘を鳴らそうと意見具申しても、「銀行の方針に従わないのか」という圧力によって沈黙させられてしまう状況だった。当時、経営陣は正論を主張する者を遠ざけ、他行や過疎地の支店へ移動させた。経営のためによかれと思って正論を主張した上司が左遷されるのを見た部下は、余計なことは言わない方が得策と学習する。結果として、経営陣の耳に異論が届くことはなくなる悪循環が発生していた。

拓銀の経営方針に異を唱え、関係の深い北海道相互銀行*に転出した潮田隆が社長となって、同行は拓銀首脳から反対された消費者金融ローンビジネスを開花させ、普通銀行転換を果たした。潮田は、拓銀時代には草創期の外国為替業務に携わり海外拠点の開設にも取り組むなど拓銀の国際業務における基盤を作った人物でもある。拓銀の破綻直前、札幌銀行が継承先になる可能性がありながらも、潮田の報復を恐れて札幌銀行が引き

"拓銀の経営破綻とコーポレート・ガバナンス" 服部泰彦 2003年1月 立命館経営学

北海道相互銀行
北海道無尽会社として1950年創業。歴代の頭取を拓銀出身者が務めていた。1989年に普通銀行に転換し、札幌銀行に名称変更。2008年に北洋銀行と合併

取り手になることを固辞し、北洋銀行への事業譲渡につながったというのは旧行員の間では説得力のある説明となっている。

拓銀が暴走した背景には、表面的にはワンマン体制があったが、国策銀行としての出自による企業カルチャーの潜在的な要因があると考えている。道内における信任の高さと道外での認知度の低さという厳しいギャップは、万年都市銀行最下位の地位を脱しようとする経営陣の強い上昇志向に結びついたからだ。

国策銀行であったがゆえに、当局は大手行をつぶさないという"銀行不倒神話"を強く信じて、世の中の状況認識を甘く見積もり、不良資産先送りの原因という行動に結びついた。また、経営陣の独断専行に対して歯止めが利かなかった点についても、北海道における高いステータスが、スキャンダル等を行内で隠密裏に処理しようとする力に結びついた。

後者については拓銀の末期、実質破綻状態にあったソフィア社への赤字補填金を融資可否に関する、経営会議議事録がそれを物語っている。平成7年1月27日の拓銀経営会議録を掲載した札幌高裁判決文によると、融資担当部長が冒頭「このグループ（ソフィア社のこと。筆者注）を整理するにあたって一番悩ましいのは、単に貸金の損切りだけで済ませられない、法律違反をめぐる「政」・「官」・「財」の各界にわたるスキャンダラスな面が付きまとうということだと思います」と説明している。

企業カルチャーは、伝統を受け継ぐ意味で、既存の資産や考え方に対して自己保存的な作用を及ぼす。それが悪い形で表出したのが、拓銀における国内ビジネスだった。

成功していたアジア戦略

このように日本国内では不動産融資にのめり込んでいった拓銀だが、アジアでは異なる展開を見せた。台湾のバナナ運搬船を経営していた長栄海運（＝現Evergreen Marine）を支援し、シッピングファイナンスを提供することを通じて世界有数の企業に育て上げたのである。その後、拓銀のアジアファイナンス部門は、後に台湾第二のエアラインに成長するEVA Airwaysの

設立にも関与した。

　拓銀で長年にわたりアジアビジネスのリーダーを務めた山代元頭について、当時の顧客は次のように語る。「拓銀が香港での事業を拡大できたのは山代さんの力が大きい」(神田隆文・オリックス取締役アジア総支配人)。「日本の卓越したバンカー。話していると心地よい」(ゴードン・ウー　ホープウェル・ホールディング会長)*。日本では想像できないくらい香港における拓銀の地位は強力だったのである。例えば1992年アジア地区のシンジケートローン(協調融資)案件で拓銀が手掛けたのは9億ドル。グローバルな金融機関の中でも6位にランクインした。邦銀ではもちろんトップだ。1983年に中国の深圳経済特区に邦銀で初めて支店を開設したのも拓銀だった。香港支店の取引先の90%は、日本国内では拓銀とのつき合いのなかったところであるなど、すべて山代の仕事で、上位都銀や東京銀行は完全に後れを取った。

　アジアファイナンス部門は、山代が拓銀破綻前の1997年3月に設立したユニ・アジア・コーポレーション(現ユニ・アジアホールディングス・リミテッド)に引き継がれ、現在は、拓銀OBである棚元道夫会長兼CEOに率いられてシンガポール証券取引所に上場している。アジアファイナンス部門が、拓銀国内事業にはない価値を創造したからこそである。

　拓銀のアジアビジネスが成功した理由は、山代個人の活躍とともに国策銀行としての良い面での企業カルチャーが作用したからだ考えている。つまり、アジア新興国への長期的なコミットメントであり、それを銀行として可能にしたのは、まさに北海道というフロンティアを開拓してきた国策銀行として長期間育まれた企業文化が、リスクテイクを許容したのではないか。

拓銀の破綻が教える代替案の必要性

　日欧米の製造業が中国やインドなどに移転し、産業経済から知識経済への移転が急速にシフトする中で、知識経済における社会政策や企業のあり方を体現しているのが、米国だ。しかしながら、日米における政治経済体制は大きく相違している。日

*日経ビジネス1997年7月21日号 肩書きは当時

本は金融危機を通じてリスクの社会化（リスクを社会全体で受け止めること）が進んだことにより、産業化時代のマインドや政治経済体制が維持されたまま、知識経済に向かおうとしていて、どこか拓銀の失敗談と同じように見える。

　拓銀の破綻は、ある意味で産業経済に必要とされた金融システムが終わりを告げた合図だ。拓銀を破綻に導いたいくつかの要因を分析することで、拓銀固有の要因と他行でも当てはまる普遍的なものを認識し、成功要因にはきちんと評価を与えることで再出発を切ることができる。他行にも当てはまる普遍的なものとは、伝統的な分野の課題解決には過去からの"しがらみ"を解きほぐすために非常に長い時を要することで成長を停滞させるリスクがある点だ。

　当時の拓銀がおかれた状況とは異なるが、現在、日本の銀行は知識経済のなかにおける新しい銀行のあり方を模索している点では共通だ。筆者は各銀行が、拓銀におけるアジア投資のような先進的な代替策を将来像の中に組み込むべきだと考えている。

　当時のアジアは現在と比べると、まさに新興ニッチ分野そのものだった。弱小銀行の拓銀でさえ戦い方を間違えなければトップを走ることができた。これは、ある意味で現代のデジタル分野への投資意思決定に同じことが言える。さらに成功要因について評価するならば、新しい分野への進出（現在ならデジタル分野の投資と実行）には、山代のような強力なリーダーシップを取れる人材と独立した組織が必要だという点だ。

　代替案はどこの企業にも存在しているはずだ。それが効率化の名のもとに日の目を見なかったり、芽を摘まれているかもしれない。この変化の時代こそ、その芽を育ててみる価値がある。

（3）深刻な副作用を産んだ金融危機

コラテラル・ダメージ*

　金融危機を乗り越えようとした日本社会に何が起きたのか。

コラテラル・ダメージ
「副次的な被害」「軍事活動中の民間人の被害」から転じて「政治的にやむを得ない犠牲」という意味

バブル崩壊、金融危機、金融ビッグバンによる急速なグローバル化と市場化、失われた20年を含めて論評には事欠かない。金融システム危機を解決しようと、リスクを社会全体で解決しようとしたこと、急激なグローバル化や市場システムへのシフトが日本のそれまでの強みをも破壊してしまったことが、その後の日本の成長力を奪ったのではないか。

強みの自己否定と連鎖

　拓銀破綻のちょうど一年前の1996年11月17日。

　他の先進国で金融自由化が進むことで、日本が取り残されるという危機意識のもと、短期間でのキャッチアップを目指して、政府主導で「金融ビッグバン」による改革が行われた。橋本内閣による日本版金融ビッグバン*は、バブル崩壊後の金融市場の停滞を一掃するために推進された金融大改革だ。規制と保護によって守られてきた日本の金融が、"フリー""フェア""グローバル"を合言葉にして、市場原理に基づく国際競争時代に突入することを意味していた。政府からは"市場取引を中心に自由な金融取引が可能となり、経済効率の向上で経済が活発化し、より豊かな社会が実現する"というバラ色のシナリオが提示された。

　ところが、実態は"病人を屋外に立たせておいたら風邪を引き、肺炎を併発させた"だけで、現時点においても金融ビッグバンが成功したという評価は聞かれない。

　しかしながら、競争力回復のために護送船団行政を廃止したことが悪いのではない。英国の例から見てもむしろ必要なことである。ただ、急速な市場化によって当時脆弱だった銀行に対する信用を悪化させて、社会全体のクレジットクランチ（信用収縮）を招来したことが問題なのである（足下のデジタル化進展と護送船団行政の廃止の関係については、本章の最後で触れる）。

　金融ビッグバンの精神を受けた"グローバル化"と"市場化"が急速に持ち込まれたことで、それまでの日本型資本主義

> **日本版金融ビッグバン**
> 宇宙の始まりを模して、金融分野の多方面に亘る改革を一挙に実行する大改革

は激しく攻撃された。つまり、銀行が市場原理で行動するということは、銀行と企業とのもたれあいの解消という意味合いを持っていて、銀行と企業の関係だけでなく、銀行（資金余剰行）と銀行（資金不足行）、預金者と銀行、銀行と当局の緊密なコミュニケーションなど、これまでの利点も含めて過去の関係（絆）を市場という名の正義が全否定する状況が示現した。

　かつての日本型資本主義は、終身雇用・長期経営・厚い中流層を背景に労働力人口と賃金が高度成長経済で拡大するなかで、銀行は社会の土台ともなるような企業と「メインバンク主義」によって強く結びついた関係にあった。銀行は、国益に資する企業に対する安定した資金供給を行い、会社をできるだけつぶさないようにリスクを取り、企業経営に一定のガバナンスを提供しつつ、預金額で差をつけたりしない一律の金利・手数料体系を堅持し、銀行としての"公共性"や"規範（ガバナンス）の発揮"によって日本の社会構造の一部を構成していた。しかし、ビッグバンは銀行の良い面も悪い面も含めてすべてを破壊する方向に作用した。

　政府が"フェア"と呼ぶ市場主義のメカニズムは、取引を成立させるためにすべての情報を白日のもとにさらす（値付けする）システムだった。

　これまでのように、経営者に都合のいい情報は出す、都合の悪いことは隠匿する、というような恣意性のある線引きは出来なくなり、全てが価格形成の波に洗われるため、関係者間の事前合意がないと、誰もが疑心暗鬼で慎重になるのは当然だった。

　事前準備ができない状態のまま価格情報が伝わり、ネガティブな反応を恐れた企業・組織・人々は防御的な姿勢を強め、その結果社会全体のダイナミズムが失われる方向に作用した。

硬直化する企業組織

　金融ビッグバン以降、企業のバランスシート調整が進み、銀行と企業との関係に変化が見られるようになった。企業業績が悪化し、中央研究所の廃止、海外撤退等、企業にとってすぐに

利益を生まないものや、不要不急の活動は停止された。

　会計学者の伊藤邦雄は、2010年8月12日付日本経済新聞朝刊の経済教室に次のように寄稿している。「どんぶり勘定を廃し、利益責任を徹底させるために社内カンパニー制を導入（中略）90年代後半、部門間の壁は厚く高くなり、連携が働かなくなる。社員の視野も狭まり、成果主義の下で自己の目標達成が最優先された（中略）部分最適化や社員の視野狭窄化は、部門間の連携を阻み、異質な知の融合や新たな知の組み合わせを阻止し、ひいては事業や技術のイノベーションの芽をつんだのである」。

　個別最適がもたらす弊害について、経営学者の野中郁次郎は『ビジネスモデル・イノベーション──知を価値に転換する賢慮の戦略論』（共著　東洋経済新報社　2012年）で、次のように記している。「硬直構造とは、部分最適が生み出す欠陥である。個別部署が個々に自己最適を目的とする発想と行動から抜け出すことができないゆえに、全体として非常に硬直的な行動となる。このようなリスクを取らない部分最適の集合体の上に乗っているリーダーもその一員と化してしまう。（中略）こうして育ったリーダー自身が論理的な説明を求めすぎて、現場の発想を潰す場合も多い。このようにして、リスク忌避型の硬直構造が形成されてくる」。

ダイナミズムが失われた社会

　日本銀行総裁の白川方明（当時）は、2012年にロンドンにおいて"デレバレッジと経済成長　──先進国は日本が過去に歩んだ「長く曲がりくねった道」を辿っていくのか？──"という興味深いスピーチを行っている。そのなかで白川は、日本のバブル崩壊後の最悪期のピークと、欧米におけるサブプライム金融危機におけるピークを比較して、失業率についてコメントをしている。「失業率のピークの水準を比較すると、日本は5.4%であり、欧米主要国の10%程度より有意に低い。これは、雇用の確保を優先するという社会の選択を反映し、賃金水準の調整がある程度弾力的に行われたことによるものである。雇用の確

保自体は社会の安定という意味でプラスであった。他方、賃金の調整が行われたとはいえ、経済に加わったショックの大きさに比べて十分とは言えず、企業内失業が維持された結果、バブル崩壊後の需要やコストの変化に対応した資源再配置の遅れをもたらしたという意味ではマイナスであった」。

　日本の金融危機からの回復過程においては、社会的に痛みを分配する政策が取られたことによって雇用は確保されたが、ダイナミズムは失われた。その結果、・社会全体としても"やっぱ、コスパ（コスト・パフォーマンス）よね"という言葉に代表される最低限の労力で、できるだけ高い成果を得たいとする"行き過ぎた市場主義的な態度"が人々の行動規範となって、成長を望まない社会（生産された価値を徹底的に削って消費者に還元するために、企業が将来に投資する余力を生めないデフレ的社会）につながっていったと考えている。

痴呆化する日本

　金融危機の副次的な影響は、企業経営のすくみと組織の硬直化を通じて、人々の価値観やライフスタイルにまで影響を及ぼすことになった。哲学者の内田樹は、"『赤毛同盟』と愚鈍の生成について"（赤毛同盟は、英国の作家コナン・ドイルのシャーロック・ホームズシリーズの名作）と題した論考において現代の学生の風潮を痛烈に批判している。

　ロンドンで小さな店を経営していたジェイベズ・ウィルソンと呼ばれる赤毛の男が、従業員に騙されて、結局は銀行の金庫破りの片棒を担がされる話である。ウィルソンは、財を成した赤毛の男が創設した"赤毛同盟"という赤毛の人間に富を再分配する怪しげな組織に雇用された。店を従業員に任せ、ウィルソンは毎日決まった時間を百科事典の内容を丸写しする仕事に就く。ホームズは、ウィルソンを雇った赤毛の男が銀行強盗をするためにウィルソンの店から向かいの銀行の金庫まで地下トンネルを掘るためのアリバイ工作のために、百科事典の模写という口実で外出させられたことを明らかにする。翻って世の中に楽な仕事などなく、あるとすれば、それに見合う何がしかの

マイナス効果が背景にあり、楽な仕事をすればするほど、結局は馬鹿を見る悪い例えとして取り上げられている。

内田は、赤毛同盟の物語を現代社会に置き換えて次のように記している。

「つねにより有利な交換比率を求めるものは、自分の手持ち資源の価値ができるだけ過大評価されることを願う。過大評価のカーブは、市場に差し出す自分の手持ち資源の価値がゼロであるときにその最高点に達する。

つまり、ひたすら有利な交換を願うものは、その論理的必然として、やがて自分の手持ちの資源の価値がゼロであることを願うようになるのである。

悪魔的なコロラリーだが、現に、日本社会はそうなっている。

学生たちは愚鈍さを競い、労働者たちは他の労働者が自分より無能でかつ薄給であることを喜ぶという倒錯のうちに落ち込んでいる。

それは彼らが怠惰であったり、不注意であったりしているからではなく、「有利な取引をするものが賢い」という市場原理のルールをあまりに深く内面化したことの帰結なのである。」内田が指摘する"愚鈍のスパイラル"こそが、社会から創造の機会を奪うことになるのである。

リスク回避マインドの定着

拓銀破綻を契機に金融危機が現実化し、それを契機に金融システムの安定化のために数々の政策が発動された。しかしながら、銀行システムが健全化する過程で、急速な市場化へのシフト、グローバル化の進展、人口動態の高齢化などに加えて、欧米発のサブプライム金融危機が発生して、景気回復が腰折れするなどの事態が発生し、結局「失われた20年」と言われる経済の回復に非常に長い時間を要することになった。

金融システム安定化に向けて取られた対策は対処療法としては正しかったのだが、回復に時間をかけている間に新たな危機

が発生し、金融危機後の銀行のあるべき姿が議論されないまま、当初の対策が恒久化した。それが企業や個人において「リスク回避的」なマインドを醸成させ、それが習慣化して新たなニューノーマル（定常状態）を形成してしまい、新しいものやリスクのあるものを否定し、賞賛しない行動に結びついたと筆者は考えている。

（4）ITを外注化せざるを得なかった銀行

いち早くコンピュータを導入した銀行業界

　金融業界は日本の産業のなかで最も早くコンピューターを導入した業界で、現在でも産業別IT投資規模では、全産業で最大規模だ。しかしながら、金融審議会の決済業務等の高度化ワーキング・グループでは、日本の金融機関のIT投資の内訳は80％程度がレガシー（遺産）資産の維持に回され、新規企画への投資は20％程度にとどまり、一方、米国では新規投資が40％超程度を占めることが報告された。これがデジタル技術への対応に日本が出遅れた要因であり、先進的に導入したコンピューターがレガシー化した点が、イノベーションのジレンマと言われる状況を作り出したのではないかと指摘された。

　日本では90年代後半に大手金融機関の破綻等金融危機の時代を迎え、都市銀行が再編されて13行から4行になるなかで、大手行はシステム部門を子会社化してコスト削減に乗り出した。一方、地方銀行はシステムの共同化スキームを立ち上げた。現在、地方銀行による共同化は、大規模なもので5スキーム、中小規模のスキームを含めると10程度が存在する。

　日本の銀行におけるコンピューターの導入は、高度成長期における銀行サービスの大衆化とともに進展した。まず第1次オンラインシステムと言われる勘定系システムの構築が、都銀の一部で1960年代半ばに先行した。1960年代終盤には他の都市銀行がこれに追随し、地方銀行等の中小金融機関がオンラインシステムを導入するのは1970年代に入って本格化した。

続いて、第2次オンラインシステムが1970年代半ばに開発され、勘定科目ごとに構築されていた個別のオンラインシステムが、連動処理する総合オンラインシステムへと再構築された。さらにその10年後に第3次オンラインシステムが1980年代半ばに登場し、経営情報が集約され情報系システムを活用した営業管理、収益管理の仕組みであるALM*が登場した。90年代にはバブル崩壊を受けて、銀行業界が10年程度の周期で行ってきた銀行システム投資は、銀行の統廃合や共同化に代替され、従来のような都市銀行が主導するシステム開発は見られなくなった。

> ALM
> Asset Liability Management、資産・負債管理

システムアウトソーシングの副作用

80年代から90年代にかけて稼動した第3次オンラインシステムの開発にむけて多くの銀行でIT子会社が作られた。それまでのシステム開発に比べ開発規模が大きくなり、そのための要員確保や銀行本体とは異なるスキルが求められたため、専門性に対する評価制度やキャリアパスが必要と考えられたからだ。しかしながらシステムが稼動すると、システム保守や追加機能の開発では企業を維持することが難しくなり、外部向けのビジネスを開始したり、地銀のように共同化が進み外部ITベンダーとの合弁になった企業も珍しくない。地銀の共同化は、日本銀行が2012年に行った実態調査では、70%超の地銀が利用している。同アンケート調査によれば共同化を利用している90%超の銀行が、システムコストの削減を利用目的にあげており、共同化利用後、50%以上の自行システム要員の削減を行った銀行が33%、30〜50%の削減が38%にも達している。人員削減を行わなかった銀行は5%程度にとどまることを踏まえると、IT人材の削減は、一時的なコスト削減にはつながるものの、最近のような急激なデジタル化に地銀がキャッチアップすることを難しくしているのは想像に難くない。

IT子会社の保有は銀行業だけではない。野村総合研究所が2012年に行った"グローバル本社機能のあり方に関するアンケ

ート調査"によると、売上高5000億円以上の企業の約7割がIT子会社をもち、そのうち親会社からの出資比率が50%を超える企業が8割程度を占める。法人企業においても銀行業界同様、2000年前後にIT子会社の売却やITフルアウトソーシングを行う企業が続出した。システムアウトソーシングの結果、IT人材はどのような分布になっているのだろうか。少し古いデータだが2011年に独立行政法人情報処理推進機構が行った"グローバル化を支えるIT人材確保・育成施策に関する調査"は、IT人材がITサービス企業内に存在するかもしくは、ユーザー企業内のIT部門で就労しているのかを調べたものだ。それによると、米国ではIT人材の70%が企業内で雇用されているのにくらべて日本では全く逆の動きになっており、75%がIT事業者で就労しているのである。つまり日本ではIT人材の内製化率が極端に低いのだ。

　この数字は、日本全体がデジタル・イノベーションに即応することの難しさを物語っている。米国を除き世界各国でも、日本のように外部化が進んでいるのだが、米国の内製化が突出しているのは、米国では人材の流動性が高くプロジェクトベースで有期雇用契約を締結しているIT人材が多いからである。また、米国ではAcqui-Hire（アクハイヤー）と称する人材確保目的でスタートアップを買収する行為などに象徴されるように、人材が希少価値であることには変わりない。

　最近になって法人企業のIT子会社では異なる動きが出てきている。日本航空はアウトソーシング契約の満期に合わせてIBMから内製化に舵を切り、日産自動車でも同じくアウトソーシング契約を解消しているのだ。また、ITベンダーと戦略的な提携や合弁契約を結びIT子会社の能力を強化する動きもある。銀行法の改正を受けて、早晩銀行のIT子会社も内製化の方向にシフトすることになるだろう。とはいえ、ITアウトソーシングや共同化を開始して10年以上が経過することを踏まえれば、それが一朝一夕に解決できない問題であることは明白である。IT人材がIT企業に就労していることを考えると、銀行のIT人材戦略

は、これまで緊密な関係を結んできた外部ITベンダーやスタートアップを含めた人材戦略が重要になることは間違いない。

　現在のデジタル技術は既存の情報システム技術とは異なる利用目的、異なる関与体制が必要である点に留意する必要がある。デジタル技術は、顧客エンゲージメントを深め、ビジネスに価値を提供するために活用され、アジャイル開発手法を用いて早いサイクルで顧客ニーズを踏まえた開発を行う。さらに、一旦開発が終わっても顧客のフィードバックを得てより使い勝手の良いシステムに次々とアップグレードされていくため、終わりはない。
　一方、既存の情報システムは、顧客取引を間違いなく記帳することが目的で、万全を期して開発運用が行われるため、仕様書の作成、バグ修正、ドキュメント作成に時間をかけて年に数回リリースを行うような相違点がある。こちらのシステムは、作りきりで最終成果物としてシステムが納品される。
　従来型情報システムが求める入念な開発・運用に既存ベンダーが慣れている状態で、デジタル技術の活用を始めようとしても、どうしても従来型の進め方が前提となってしまう。合議制による意思決定のスピードの遅れや、イノベーションの世界と安心安定を望む文化の相克が発生し、最終的には既存システムの安定稼動が優先されるため、イノベーションを取り込んでいくことは容易ではない。今後、銀行側がデジタルトランスフォーメーションによってソフトウエア会社にシフトする中で、IT側も開発、利用、販売や人材育成なども含めて新たなエコシステムが構想されることになるだろう。

（5）スウェーデンの金融危機と再生

　スウェーデンでは、1980年代後半から90年代前半にかけて、マクロ経済環境が大幅に悪化し、大手銀行を中心に相次いで金融機関が経営悪化に陥った。このとき、政府は公的資金を経営が悪化した銀行に大量投入し、一時的な国有化も含む大規模な

リストラクチャリングを極めて短期間で達成した。スウェーデンの金融危機は80年代後半から金融の規制緩和と金融緩和によって、銀行融資が大きく膨らみ不動産など資産価格の上昇を招いたことを原因とし、その後のバブル崩壊によって大手銀行が軒並み影響を受け金融危機に陥った。特にスウェーデンでは商業用不動産ビルの価格が暴落し、融資をしていた銀行が流動性危機に陥った。政府は政府保証のついたエマージェンシールーム（銀行の駆け込み先：緊急看護室）を準備し、流動性危機がパニックにつながらない処置をした。そのうえで各行の債権債務の整理を行い、健全化した銀行をエマージェンシールームから送り出し90年代後半にはこの仕組み自体を撤廃した。

　スウェーデンの政策が成功した要因は、速やかに明確な方針を掲げ、透明性を持って国民に対し問題の所在の説明を果たせたことである。

Nordea Bankの誕生

　Nordea Bankは、積極的な周辺諸国への進出とデジタルビジネスを進めるスウェーデンの銀行で、世界最大のインターネットバンキング口座を保有する銀行としても有名である。

　Nordea Bankの歴史は合併の歴史であり、開業以来300社程度との合併を経験しているという。Nordea Bankは1974年にPostbankenとSveriges KreditbankによってPK-banken（Post och Kreditbanken）として設立された。その後、1994年に金融危機で国有化されていたGota Bankと統合したNordbankenを買収、1997年にはフィンランド最大手のMeritabankenと合併、さらに2000年にデンマークのUnidanmarkと合併、ノルウェーのChristiania Bankを買収し、2001年に現行のNordea Bank銀行に改称している。2007年以降の世界金融危機の中、Nordea Bankはマーケットシェア拡大に成功し、北欧の金融機関としては最も株価が上昇した。2009年にはデンマークのFionia Bankを買収、2016年にもオランダのABN AMROとの合併を試みたが、オランダ政府の反対によって成功していない。

自らを破壊せよ

　2016年のシンガポール・フィンテック・フェスティバルでのスウェーデン金融市場、消費者庁大臣兼財務省副大臣ペール・ボランドの講演は、スウェーデンが金融危機においてドラスティックなプランを発動し得たのかを納得させる内容だった。

　「多くの新しい技術は、既存の仕事や既存のビジネスモデルに対して破壊的である。しかしながら、もしわれわれが自分自身を破壊しないとしたら —— われわれがどのような方法を選択しようとも —— 誰かがわれわれが好まない方法で破壊を実現しようとするだけだ」

　彼は続けて、「この非常に競争的な世界において、私は以下の3つのプリンシプルを貫くことが将来の効率的な金融システムのビジョンに到達するために大切である」と述べている。

① **オープンであること**

　新しい文化を尊重し、それを育むことはスウェーデンの伝統的な気質である。私の個人的な観点から言えば、真にイノベーティブな場所とは、事実を共有し、異なる文化・価値・アイデアの集積地（ハブ）となることである。つまり、新しいアイデアが生まれることを愛でる環境を育成することである

② **政策**

　政策とは、政府が新しい考えや新しい技術を育むことを奨励する責任であり、将来的にそれらの新しい技術を利用して成功する企業を作り出すことである。

　同様に政策の使命は、市民や企業の最大の関心事が、"（新しいものを）育成する姿勢"にあるべきことをフロントに立って推進することである。

③ **協調**

　協調は成功にとって非常に重要な要素であり、国内においても国際的にも情報を共有することが必須で、情報共有が進むため、情報へのアクセスを容易にすることも必要である（例：テロ情報）。デジタルな情報は所詮、国境がないものである。その結果、成功の秘訣は国家間、およびグローバルレベルでの協調関係を如何に構築するかにかかっている。

スウェーデンの国としての方針は、金融危機において現実の厳しさを認識し、危機感を持って正面から受け止めてきたことによって、初めて掲げられたのであり、イノベーション政策においても、その精神が生きているのである。

（6）終わりを告げる昭和の金融

決済業務等の高度化に関するワーキンググループ

　日本においてデジタル技術を使って金融業を革新していく動きは、2014年に筆者が委員として参画していた金融庁・金融審議会"決済業務等の高度化に関するスタディ・グループ"での議論に遡る。座長を務めていた法学者の岩原紳作・早稲田大学法科大学院教授は、初回の会合において、90年代後半に銀行業務範囲規制と密接に関連する「独占禁止法」の改正について、「当時、金融危機という時代背景を受けて、非金融事業者の金融業への関与を銀行本体よりも緩やかにした。今次、銀行業務範囲規制を、この時とは異なる方針で見直すのは私のライフワークだ」と語り並々ならぬ決意の程を示した。

　スタディ・グループは、翌年にワーキング・グループに改組され、同時に"金融グループを巡る制度のあり方に関するワーキング・グループ"が設立され、二つのワーキング・グループが制度改正についての議論を行うことになった。

　ここで2点指摘をしておきたい。

　まず、銀行決済システムの潜在的危機についてだ。なぜ決済業務の高度化がデジタル技術の議論につながったかというと、決済業務はメッセージ・フォーマット、認証、ネットワークの各機能に大別できるが、いずれもテクノロジーとの親和性が高く、デジタル化の影響を受けやすい。だからリテール決済領域には、PayPalやSquareをはじめとする多数の新興デジタル企業が参入し、銀行決済が代替されつつあるのだ。決済サービスの利用者が、これらの新興決済方式をより強く選好した場合、銀行決済の顧客が減り、銀行システムが提供している"ファイナリティのある決済"＊の維持が結果的に高コスト化し、銀行

＊ファイナリティのある決済とは決済の完了性のこと。市中銀行が保有する日本銀行の当座預金口座を利用して、銀行間決済の最終尻を取り消しが効かない状態として、決済の債権債務関係を最終的に完了させること。例えば商店が売上代金として商品券を受け取った場合、商品券の発行企業に代金を請求して債権債務が解消して決済が完了するが、もし発行会社が倒産すると売上金の回収ができなくなる。銀行は商行為の裏側にいて、発行会社の口座からお金を差し引いて商店に入金する。すべての発行会社が自分の取引先ではないから、各銀行が差し引きと入金を行って、銀行間で最終的な帳尻を合わせている。この行為を銀行が行わなくなると、お金が流通しなくなる事態につながる

決済制度が不安定化する懸念があった。だから金融庁は決済高度化の文脈の中でデジタル・イノベーションを取り上げたのだ。

次に、金融庁の本気度についてだ。今回の決済業務等の高度化に関わる検討は、2014年のスタディ・グループを経て、翌年には2つのワーキング・グループに分化し重層的な検討がなされた。

この方式は、最近の審議会関連の活動記録を見ても滅多にない。スタディ・グループで多くの参考人を招致して多様なインプットを行い、法改正の影響範囲を見定めた後で、決済分野の制度改革のためのワーキング・グループと、銀行法を改正するためのワーキング・グループをそれぞれ別に立ち上げたのである。

決済業務等の高度化に関するワーキング・グループは、2016年の年末にスタディ・グループ時代からの2年にわたるロングランの検討を経て最終報告が答申されて解散した。年が明けてから、金融庁の声がけで委員達の懇親会が開催された。金融庁の担当官によればこのような会が開催されること自体「聞いたことがない」そうで、金融庁の本気度が伝わってくる。

金融庁では、総務企画局・信用制度参事官室が中心となって、デジタル・イノベーションに係る制度整備を進めている。2015年以降2年連続で実施された銀行法改正のほか、英国・シンガポール、豪州等とのフィンテック・ブリッジ等の海外連携を含めて主導し、デジタルを活用した金融サービスへの制度整備が行われている。

金融庁の活動成果で、とりわけ筆者を驚かせたのは、2016年秋に公表された「平成28事務年度金融行政方針」で、「金融庁の組織自身を、環境変化に遅れることなく不断に自己改革する組織に変革」というくだりだ。

これは、「総務企画局がイノベーションの音頭を取っていても、銀行と直接対峙する検査局や監督局は違うことを言うのではないかと」と高を括っていた銀行員を驚かせたはずだ。

さらに、これに先立つ金融審議会の「金融グループを巡る制度のあり方に関するワーキング・グループ」では、これまで限定列挙*とされていた銀行業務を、他業態との整合性や加速する技術革新のスピードを考慮して、"銀行が提供するサービスの向上に資する業務またはその可能性のある業務"について個別認可*に改正した。

　この2つを踏まえると、金融庁は最初に銀行業務範囲規制によって銀行業務の範囲に柔軟性を持たせ、次に金融庁自身の組織を抜本的に改革し、さらにはこれまで金融検査のバイブルとなっていた"金融検査マニュアル"を実質廃止する動きなど、民間銀行と金融庁自身を含めた金融システム全体を新しい時代に合ったものに変革する動きと解釈できる。こうした方針の進化は、金融庁自身が金融システムを保護する立場から、金融機関経営の変革を促進する立場を強める方向にシフトしつつあることを示している。麻生大臣風に言えば、「金融監督庁」から「金融育成庁」への変革だ。
　誤解を恐れずにいえば、金融庁は、「金融サービスのユーザーが時代に合った高品質のサービスを享受するには、護送船団方式よりも競争によって高度なサービスが登場する環境、つまり、生存競争や自然淘汰のメカニズムを意識的に取り入れることが、日本の金融サービスの品質向上に役立つ」と判断したと考えられる。

　日本におけるフィンテックの担い手について、2017年4月11日に開催された参議院財政金融委員会において民進党・藤末健三議員の質問に対し、金融庁総務企画局の池田唯一局長は以下のように答えている。
○ **質問者（藤末健三議員）**
　どういうプレーヤーが日本でフィンテックを担うかということは、非常に私は重要だと思っておりますが。お願いします。
○ **政府参考人（池田唯一君）**
　どういう担い手が担っていくか、あるいは担うべきかという

限定列挙
銀行業務のうちやってよいことだけが法令に限定的に列挙されている方式で、それを改正するには規制緩和要望に従って相応の時間をかけた議論が必要となる

個別認可
やりたいことを申し出た場合に個別で認可する方式

ことについて政府なり金融庁の立場からお答えすることは必ずしも適切ではないかと思います。私どもとしては、金融機関であっても、金融機関でない非金融機関の方であっても、基本的には顧客の利便性の向上、それを通じた経済生産性の向上、そういうものに資する、そのために関係者の方が時として競争し合い、時として連携しながら全体としてイノベーションが進んでいく、そうした市場の状況を作っていきたいと考えておりまして、特定のプレーヤーがどうということを申し上げることは必ずしも適切ではないのではないかと考えているところでございます。

新しい時代に入った金融行政

2017年3月に公表された「金融モニタリング有識者会議報告書」では、これまで金融庁の任務であった"金融システムの安定・利用者保護・市場の公正性、透明性確保"が、現代金融行政に求められている"企業・経済の持続的成長と安定的な資産形成による国民の公正の増大"という究極の目標に対して不十分であると指摘し、金融行政の目標自体の視野を広げることを提言した。つまり、金融危機後に確立した「金融システムを守るためだけの」検査監督手法は終わりを告げたという宣言だ。

さらに、金融庁平成28年度金融行政方針では、金融機関の新しいビジネスモデルのあり方について次のように述べている。「もとより金融機関のビジネスモデルに単一のベストプラクティスがあるわけではないが（中略）金融機関が顧客本位の良質なサービスを提供し、企業の生産性向上や国民の資産形成を助けて結果として金融機関として安定した顧客基盤と収益を確保する取組（顧客との「共通価値の創造」の構築）は持続可能なビジネスモデルのひとつの有力な選択肢であるとともに地域経済の活性化につながる」。

一連の金融行政改革から言えるのは、制度は時代の要請を受けて進化するものであり、当局はデジタル技術自体を取り入れるための前提条件となる制度整備を進める。そして銀行も時代

に合った銀行経営のビジネスモデル革新を進め、必要に応じてデジタル技術を存分に活用できる前提を整えるということだ。

　森信親金融庁長官は、2017年5月のコロンビア大ビジネススクール日本経済経営研究所における講演で、今後の規制のあり方について次のように述べ、フォワードルッキングという言葉に代表される未来志向の規制対応を進めることを宣言している。
　「第1に、当局としてどのような政策を取るかについては、どのような政策が"経済の持続的な成長と安定的な資産形成を通じた国民の厚生の増大"という金融行政の究極的な目標に最もよく寄与できるかを基準に判断すべきだと思います。これが全ての基本であると考えます。
　第2に、当局は、顧客とともに新たな価値を創造し、顧客の信頼を得ることのできる担い手が成長できるよう、必要な環境整備や障害除去をフォワードルッキングに行っていくべきです。
　第3に、当局は、利用者保護などのうえで生ずる新たな課題に対処する際に、手遅れになって被害を拡大させることがあってはなりません。他方、先走って過剰規制になってもいけません。過不足のない弊害防止策を適時に取るよう目指すべきです。
　第4に、イノベーションの進展に伴い、支店網やシステムなどが既存金融機関にとっては負の遺産となっていく可能性があります。この問題について、当局は金融機関に対しフォワードルッキングな経営を慫慂することによって対応すべきであり、護送船団行政に戻るようなことはあってはならないと考えます」と述べている。

　これから金融庁は、国民の厚生の増大という究極の目標実現に向けて、プリンシプル・ベースの規制を導入し、ベストプラクティスが開発しやすい環境を整えながら、金融機関に対し、フォワードルッキングな経営を慫慂することになる。金融庁がこれから実現したいと考えていることは、昭和の時代の"護送

船団方式"とは対極にあるもので、多様なサービス提供主体による高品質な金融サービスの姿が認識されている。さらにこの新しい行政方針は、「人事異動等により金融庁の体制が変わっても、このような外部専門家との連携等を通じて、行政の継続性を担保しつつ、金融行政の質の高度化に継続的に取り組むガバナンスを構築する」と平成28事務年度金融行政方針に明記された。懐古主義的な意見の持ち主に対して、方針の断固たる継続性を宣言したうえで、森長官自身が「護送船団行政に戻るようなことはあってはならない」と固い決意表明を行っている。

　金融行政は、昭和の護送船団方式が完全に終焉して、新しい時代に入ったことが明確に認識できるのだ。

なぜ護送船団行政の撤廃が必要なのか

　金融ビッグバン当時、日本の銀行は護送船団方式によって独自の経営ポリシーがないままに一律に不動産融資に走ったため巨額の不良債権を作り出してしまっていた。金融ビッグバンは護送船団のもつ競争力不足を、規制緩和による市場原理導入で解決する手法だった。しかし、不良債権処理については、日本債券信用銀行の問題や住専問題で公的資金の投入がままならない状況に陥ってしまった。そこにビッグバンが登場し、信用収縮（銀行の企業に対する貸し渋り、インターバンクのクレジットライン収縮、預金者による銀行不信）を助長した結果、金融危機につながってしまったのである。

　金融機関のデジタルトランスフォーメーションは、同じような帰結をもたらさないか。

　金融ビッグバンも、デジタルトランスフォーメーションに関連するルール導入も規制緩和であり、護送船団方式を崩壊させ、金融機関に対して独自のビジネスモデルの構築を促す共通点がある。しかし、背景や環境を含めて詳しく見てみると重要な相違点が浮かび上がる。

　まず、規制緩和の対象や範囲の問題である。ビッグバンは、

日本の金融がグローバル標準を受け入れる市場間競争といえるが、デジタル化の場合は、世界の全産業における金融業界のデジタル化が問われる産業間競争で、金融業界の規制が、より自由度が高い一般企業並みに揃えられた。

次に、金融機能がどのような状態にあるか。ビッグバン当時は、不良債権によって銀行の信用供与機能が麻痺し、信用収縮が社会に波及した。つまり自らの失敗により金融機能は不全状態にあった。一方現在は、金融機能が他社（フィンテック等）によって効率的・便利に提供されている状態にある。つまり他社による金融機能の代替でアンバンドリング（分解）が進み、複線的な金融環境ができつつある。

そして、銀行経営の問題だ。ビッグバン当時は、不良債権によるバランスシートの悪化。現在は、当時に比べバランスシート上の問題はなく、ビジネスモデルの行き詰まりによって収益が上がらないP/Lの問題に直面している。

社会システムの根幹を成す金融システムの競争力はそれを構成する、金融機関や金融インフラの競争力に依存すると考えられる。護送船団方式を廃止し、創意工夫によって競争力を拡大させることは、「企業・経済の持続的成長と安定的な資産形成による国民の公正の増大」という金融庁の究極の目標実現に資する。ビッグバン当時と比較すると不良債権問題によるバランスシートの問題が少なく、金融機能の提供も補完的な事業者の登場によって複線化している。それを踏まえると、仮に一部金融機関が脱落した場合でも、社会的コスト（公的資金投入など）や波及リスクは金融ビッグバン当時に比べて少なく収まる公算が高い。一方、護送船団方式を維持した場合、金融システムの競争力低下が社会システム低下につながり日本の全産業の競争力を低迷させる、より深刻なスパイラルを引き起こしかねないと考えることができる。

だから、デジタルトランスフォーメーションが必要なのだ。

4

戦いを始めている世界の金融機関

Silicon Valley is coming. They are very good at reducing the "pain points" in that they can make loans in minutes, which might take banks weeks. We are going to work hard to make our services as seamless and competitive as theirs.

Jeimmy Dimon
Chairman and CEO JPMorgan Chase

シリコンバレーがやってくる。彼らはわれわれなら一週間かかるローンをほんの数分で実行するなど、"痛点"の解消に長けている。われわれも彼らに追いつくように自分自身のサービスを継ぎ目なく提供できるようにするべきだ。
ジェイミー・ダイモン

（1）コミュニティ・デジタル化モデル

銀行で始まったデジタル・トランスフォーメーション

　欧米金融機関がビジネスモデルの変革を含めたイノベーションに取り組むのはなぜか。

　先進的なテクノロジー企業であるGoogle、Amazon、Facebookは、検索エンジン、コマース、SNSのプラットフォームに、買収によって新機能を追加しながらより広範囲に顧客情報を収集できるようにプラットフォームを社会化させてきた。

　一方で銀行業界は、金融危機以降にM&Aで規模拡大を進めてきたが、金融機関の業務を制限する新しい規制が導入され、ROEは金融危機以前の水準を回復していない。さらに悪いことに金融機関に対する社会的な信頼は低迷したままである。実際のところ、2015年度のハリス・ポール*によれば、テクノロジー業界が各産業のなかでトップの77％の好印象評価を受けているのと比べ、金融サービス業に対する評価は35％となっており、政府部門とタバコ産業を上回るものの、金融危機の悪い印象を払拭できていない。

　先進テクノロジー企業のダイナミックな成長や顧客からの好感度評価を踏まえると、情報処理産業である銀行にとっての競合はもはや同業他社ではなく、プラットフォーム事業者ではないか。ぼやぼやしていると、デジタルに自然淘汰されてしまう。JPMorgan Chaseのジェイミー・ダイモンが語った「シリコンバレーがやってくる」「われわれの将来はソフトウエア会社だ」は、その危機意識を強く反映した米国金融機関の共通認識だ。競合相手がシリコンバレーのテクノロジー企業と理解するや、あたかもテクノロジー企業の開発手法を取り入れるべく、行内にイノベーションラボと呼ばれる新組織を立ち上げるようになったのが、ここ数年のトレンドだ。

　米国事情で認識しておくべきことは、コミュニティへの帰属意識や社会参加への意欲が強い「ミレニアル」とよばれるデジタルネイティブ世代が人口の1／3を占めていることだ。今後ミレニアル世代が労働力の過半を占めていくなかで、これまで

ハリス・ポール
マーケティングリサーチ会社Nielsenが所有する米国の世論調査会社

のような銀行カルチャー、経営手法では優秀な人材を確保できないという切実さを前にして変化への期待があることだ。日本ではあまり耳にしないが、若年人口が多いアジアにおいても経営者層にとっての喫緊の課題として認識されている。

本章では、銀行のデジタル・トランスフォーメーションをビジネスモデル別に把握するが、その前に金融危機以降、米国銀行業界がおかれた状況をおさらいしておく。

金融危機が米国銀行に与えたダメージ

金融危機が米銀に与えた影響は一律ではなく、ダメージが大きかった銀行と比較的軽微にとどまった銀行によって、その差が顕著になってきている。

金融危機以降、大手銀行セクターは、もともとグローバル展開をしていたJPMorgan ChaseとCiti。地銀が大合同して形成されたBank of America、Wells FargoとU.S. Bancorp、証券会社から銀行持ち株会社化したMorgan Stanleyを加えて3つの異なる出自を持つ6大メガバンクで構成されるようになった。

大手銀行セクターのなかでは、架空口座スキャンダルで評判を落としたものの、Wells Fargoの躍進が目立つ。一方、地銀セクターでは、金融危機以降に数多くの合併があり、さらに地域間連携や統合が進んだ。その結果、銀行名から地域名が消えたり、本社を移転するケースさえある。こうした合従連衡が進むのは、金融危機でリスクが高い業務から撤退を迫られ、伝統的な銀行業務に回帰することになったためだ。伝統的な金融業務には規模の拡大が不可欠なのだ。

とはいえ、これ以上の規模拡大策は、1994年に定められたリーグル・ニール法*の関係で規模の利益拡大は困難視される。さらに営業ノルマの過度の強化が、Wells Fargoの架空口座事件を引き起こした背景につながるから、これ以上の期待はできない。つまり、規模拡大・コストカット・営業拡大という伝統的手法が最早限界に来ていて、デジタル・イノベーションに活路を見出そうとする銀行が増えているのが実情だ。

リーグル・ニール法
10%を上限とする預金のシェア規制

Wells Fargoのアプリ戦略

　Wells Fargoは、1998年にミネアポリスを拠点とするNorwest銀行に買収された経緯があるが、西部開拓時代のステージコーチ（幌馬車）が祖業であり、この古くからのブランド力が強いことから行名も本社所在地も維持されている。金融危機以前から不動産関係に対して手堅い融資姿勢を維持し、伝統的な銀行業務の割合が高くサブプライムに関連した投資額も少なかったことから、金融危機で苦しむWachoviaを吸収し、現在に至っている。また、旧Wells Fargoは98年の合併前からテクノロジーを活用したバンキングで強固なポジションを獲得しており、イノベーション部門の幹部はいずれも生え抜きで占められていた。

　Wells Fargoは2012年からデジタル・イノベーションに具体的な取組みを開始し、2014年にイノベーショングループを正式に立ち上げた。イノベーショングループは、プロダクト企画と外部とのコミュニケーションのほか、イノベーションを行内に広めるために内部のLOB*連携機能と投資機能を持っている。投資機能はベンチャーへの出資によって情報収集が主なので5%を上限として、グループ内のベンチャーファンドとの棲み分けを行っている。

顧客ビジネスのデジタル化支援

　Wells Fargoがまず取り組んだのは、銀行へのアクセスをデジタル技術で改善することだった。店舗やATM等目に見えるところから着手して、聾唖者や耳の不自由な人向けのサービスも含めて充実させていった。最近のカードレスのATMや生体認証もその一環だ。

　次に、顧客ビジネスを拡大させることを目的に自らアプリを開発して、顧客に提供しデータを共有しながら銀行も利益を得る関係を構築した。アプリの作成は、年間60万人が訪れるというWells Fargo歴史博物館でビーコンやゲーミフィケーションを応用したアプリの実験を行ったことを皮切りにしている。今ではファッションタウンアプリと呼ばれる、サンフランシスコに

LOB
Line of Business 業務部門

| 第**4**章 | 戦いを始めている世界の金融機関

　数多く存在する地元衣料品系の加盟店に対し、決済・顧客誘致キャンペーン・商品在庫の管理・スケジュール管理・カスタマー管理・店舗への誘導を行う位置情報サービスを含むモバイルコマース機能をパッケージとして提供している。顧客情報は銀行と共有するかわりに基本サービスは無償である。

　サンフランシスコの郊外に立地する大規模なマンション群に対するアプリ提供も行っている。Hudson Yardsと呼ばれる地域の大規模な集合住宅に対し、入退室管理、室温管理などを提供し、共同アメニティスペースの予約申込やメンテナンス業者への支払いなど決済が絡むものは、銀行口座が使われる。ここはIoTの実験場だ。こうしたアプリが提供されることによって、顧客情報がWells Fargoに入り、新たなマーケティング手段や商品企画に活用されている。とはいえ、Wells Fargoはすべてのアプリを自前で提供しているのではない。ショッピングモールのように、すでにアプリを持っている顧客にはAPIのゲートウェイを提供している。つまり、Wells Fargoにとって、顧客のビジネス支援を通じて顧客の情報を得ることが重要なのである。

　投資回収は、アプリごとに異なる。ファッションタウンアプリの場合には、Wells Fargo発行のクレジット・カードを使わせることによって加盟店手数料が入る。大規模マンションであれば決済手数料である。いずれの場合でも顧客データはWells Fargoと共有だから銀行口座に紐付けない限り入手できなかった情報を獲得できる。さらに、アプリによって銀行業務がカバーされていることによって、店舗に来店する必要性を減らすこと、店舗をセールスや相談の場として軽量化すること、店舗閉鎖への抵抗感を和らげることにつなげている。こうしたアプリ開発は、ユース・ケース*が成り立つ限り今後も続く。また独自のチャットボットを加盟店向けにカスタマイズすること、Squareに対抗するPOS端末を提供するなど、決済に絡む顧客関連サービスに重点を置いている。

　Wells Fargoのイノベーション組織中で異色なのが、ガレージ

ユース・ケース
ビジネス利用に向けて、具体的なシステムとハードウエアの関わりについて、誰が、いつ、どこで、なぜ、どうやって使うかについてストーリーを構築して検討すること

71

と呼ばれるR&D組織の存在だ。この組織は銀行業務には無縁に思われるホログラム、ドローン、セグウェイなど新たに登場したハードウエアを分析して顧客経験を高め、新しい銀行ビジネスを生むユース・ケースを作成する。最近では、ドローンを使って、カリフォルニアの広大な農地を担保にする場合の利用可能性が検討された。

　Wells Fargoは、大規模組織で多くのLOBで構成されているため、ドラスティックな全行デジタル変革というよりもインクリメンタル（漸進的）なアプローチを繰り返しているように見える。しかし、断片的な情報をつなぎ合わせてみるとWells Fargoのデジタル活用の全体戦略が見えてくる。
　つまり、まず顧客がアクセスしやすく、安全なチャネルのデジタル化に投資する。これには、インターネットバンキングだけではなく、店舗、ATMにおける生体認証や身体の不自由な人に対する物理的な対策も含めたアクセスのデジタル化だ。次に、スタートアップが用いるアジャイル開発手法を使いながら、デジタル技術の利用が進まずに課題を抱えている加盟店・集合住宅などに対し、ユース・ケースを用いて顧客ビジネスのデジタル化を支援する。
　その一方で、銀行内部のデジタルに関する理解を深めてデジタル化への行内の合意を全行レベルで引き上げる各種プログラムが運営されている。これはプロセスのオートメーションやチャットボット等の導入によって行内プロセスの大幅なデジタル化を図る準備とも取れる。そして最終的には、営業店の閉鎖などと組み合わせながら投資回収を図るダイナミックな流れができつつある。顧客（ビジネス・コミュニティ）のデジタル化と銀行内部（店舗や業務プロセス）のデジタル化がワンセットになっているのだ。

　デジタルチャネルとアプリへの先行投資（フック）によって、顧客接点と顧客ビジネスを含めて地域がデジタル化され、顧客が銀行のデジタルサービスを利用してくれるようになれば投資

失敗のリスクが軽減されることを想定していることがわかる。

Lloydsのボランティア戦略

英国の大手商業銀行のLloydsもWells Fargoと手法は異なるが、同じコミュニティ・デジタル化モデルと定義できる。Lloydsは、英国四大銀行のひとつで英国全体を2つの銀行ブランド（Lloyds：イングランドとウェールズ、Royal Bank of Scotland：スコットランド）、保険（Halifax）、生保／年金／資産運用（Scottish Widows）で金融サービスをくまなく網羅する金融グループだ。Lloydsは顧客数3000万口座を有し、英国で最もデジタル化に積極的な銀行として知られる。

Lloydsはデジタル化を銀行戦略の中核と捉えており、2012〜14年度において7億5000万ポンドを投資してまずチャネルのデジタル化を実施した。その結果全取引の55％を電子的なアクセスが占めるようになった。Lloydsでは2014年に銀行グループ内にイノベーションラボを3名で立ち上げたが、現在70名程度まで増員している。

さらにLloydsのデジタル・イノベーションは銀行内のみならず、顧客を含めた英国全体のデジタルスキルを改善することによって、国民の便益を改善する社会的な貢献活動を特徴としている。つまりLloydsは、まずチャネルのデジタル化に向けた初期投資を行って、全国に広がる営業ネットワークを利用して国民全体を啓蒙し、デジタルサービスの利用率を向上させながら不採算店舗を閉鎖することを前提としているのだ。

消費者のデジタル化

Lloydsは英国内の高齢者を含む国民のデジタルスキルの改善を図るボランティア活動"デジタル・チャンピオン・プログラム"を運用している。このプログラムにはLloydsグループ内から2万人（現在の登録者数1万8000人）のボランティアが参加を表明した結果、英国最大のボランティアグループとなるほどに成長し、"Ethical Corporation's Responsible Business Award"で表彰を受けている。

プログラムに応募した「デジタルチャンピオン」と呼ばれる行員・社員は、年間2名の顧客のデジタルスキルを向上させることにコミットしている。まずはその準備のためにの研修プログラムを終了してから2名の支援を始める。

個別のデジタルスキル向上のプログラムに合わせて、Lloydsでは年に1回英国全土を網羅する"消費者デジタル指標"を調査し、進捗状況を公表している。この調査にもボランティアプログラムが貢献している。例えばデジタルスキルの改善によって、どのように顧客の便益が拡大するか、世代別のデジタルスキルのレベルの現状などが継続的にモニターされているのである。こうしたデータは当然、Lloydsが今後、市場に投入するデジタル商品の戦略立案にも利用されていくものと思われる。

Wells FargoとLloydsの共通点

Wells Fargoのデジタル化(デジタルチャネルへの投資と顧客へのスマホアプリ提供)とLloydsのデジタル化(デジタルチャネルへの投資とボランティアプログラム)を比較して考えると、いくつかの共通点が見出せる。

まず両者のフランチャイズであるコミュニティ全体を顧客ビジネスを含めてデジタル化していることだ。経済的な効果の側面からは、無料サービス(アプリやボランティアを活用して、顧客や住民のデジタル化を促進することで顧客データを入手し、データをビジネス開発に再利用していること)を提供している。つまり両者とも、先行投資したデジタルサービスを無償スキームによるユーザー拡大策によって規模を拡大し、投資回収の確実性を上げながらデータを入手する一連の好循環が作り上げられていることである。

着眼点1：顧客コミュニティと行員をデジタル化すること

不確実性の高いIT投資を成功させるには、顧客コミュニティにデジタルのよさを理解してもらいユーザーとなってもらうことが銀行にとって重要な戦略となるのだ。これから銀行の為替や預貸取引は、モバイル経由のアクセスにシフトしたり、顧

客のデジタルなバリューチェーンの中に組み込まれて見えなくなる。それに対して、行員の役割も顧客のビジネスのデジタル化を支援したり、顧客自身がデジタルを使いこなせるようにサポートを提供する役割にシフトしていくのである。

着眼点2：顧客の課題解決

　国内におけるオープンAPIに関する議論やフィンテック活用に関する議論を聞くにつけ、違和感を感じることがある。海外の銀行がデジタル・トランスフォーメーションによって顧客を中心軸において顧客のビジネスを改善したり、顧客のデジタルデバイドを解消しているのと比べ、顧客の課題解決をフィンテック企業が行なう方式になっていて、銀行が顧客の課題解決をしているようには見えないことだ。

　顧客コミュニティをデジタル化することは、銀行のデジタル投資を成功させるために大切なことである。銀行がデジタルで顧客の課題解決ができれば、銀行へのデジタルなアクセスは当然拡大する。銀行は顧客の課題を認識し、その解決に向けてフィンテックの技術を活用するべきであって、フィンテック企業がそれを担うのは本末転倒のように思われる。このままでは銀行と顧客の間にフィンテック企業が入り込み、庇を貸して母屋を取られる事態に陥る可能性がある。

着眼点3：独立したイノベーション組織

　日本ではプロジェクトに対する投資を、そのプロジェクトから回収できないと投資判断にゴーサインが出ない場合が多い。LloydsやWells Fargoのように無償の投資部分と回収を組み合わせて帳尻を合わせるモデルを実現させるには、Wells Fargoのような独立したイノベーション部門に組織横断的な企画機能をもたせることが必要になる。

　この場合、事業単位を超えて黒字と赤字が発生してしまうため、従来型の管理会計の仕組みにはなじまない。事業や社員の評価を正しく行なうため、全社的視点から判断する仕組みが必要である。

着眼点4：積極的なリスクテイク

　事業計画を検討する際には、将来事業が生み出すキャッシュフローの合計がコストを差し引いて黒字になるかを判断するのが通常だが、不確実性の高いイノベーション事業においては、計画段階でほとんどの事業が実行困難になってしまう。

　それに対し、米銀ではデジタル技術の進化が今後も継続し、不確実性以上に新しいビジネスモデルが高い成長をもたらす可能性があるとの前提に立ち、不確実性が大きいほど傍観していた場合の反動や、競合が成功させた場合のマイナスの影響が大きいと考え、リスクをヘッジしながらイノベーションに立ち向かう考え方が導入されている。

　つまり、将来の市場拡大を見込んで、不確実性を下げる方法を取り入れながらリスクを取りに行くのである。不確実性を下げる方法とは、デジタルを使える顧客を増やすことであり、顧客経験を意識することにつながる。さらにリスクテイクの規模や期間をコントロールするためにアジャイル開発を導入することも必要だ。アジャイル開発では顧客経験を向上させるためにデザインシンキングが重要視され、プロダクト責任者・デザイナー・開発者が三位一体となって開発に携わる手法が導入されている。

　大手米銀は最近"ソフトウエア企業"を自認するようになった。デジタル企業に破壊されないようにするには、表面的にデータ分析を活用したビジネスモデルに移行するだけでなく、投資判断、リスクテイク、顧客獲得、システム開発のすべての面において先進的なソフトウェア企業になるためのトランスフォーメーションが計画されているのである。

スウェーデンとタイのキャッシュフリー戦略

　スウェーデンのNordea Bankのデジタル・トランスフォーションについて、同行戦略部門ヘッドのペトリ・ニキラは、「Nordea Bankのデジタルビジネスモデルは、伝統的なリレーションシップバンキングをデジタル時代に適合させることで、価格とコス

トをうまくマネジメントすることが重要だと考えている。特にマイナス金利下において現金保有はコストであり、デジタル化でほんの少しとはいえ手数料収入の機会が増えるのが、銀行にとってデジタル化を進めるインセンティブになっている」と語る。

「他国であれば、銀行業界の外部から出現するディスラプターへの対抗という図式だが、スウェーデンの場合には個別銀行が中央銀行の進める"キャッシュフリー化"や銀行協会による"Swish"等のモバイル決済サービス等業界を挙げた取組みと協調して推進された面が大きい」と、スウェーデンにおけるデジタル・トランスフォーメーションの特徴を語る。

その結果、「個別銀行は、新しいプラットフォーム上で、AIやロボティクス等を使った、より高度なサービスの実現等の付加価値提供を行なう一方、店舗やATMの削減の削減など銀行の内部オペレーション自体を新しいインフラに適合させて、業界全体としてエコシステムが形成された」と、個別行の活動と業界全体の活動を調和させる必要性を説く。

業界を挙げたSwishの開発

2012年にサービスが開始されたSwishは、中央銀行、銀行協会、大手行が共同開発したモバイル決済の仕組みで、銀行口座に連動してP2P送金やショッピングの決済ができる。現在ではスウェーデン国民の約半数、30歳以下では90%が利用している。その結果Swishは銀行モバイル決済のみならず、eコマース、ePOSのプラットフォームとなってスウェーデン経済の"キャッシュフリー化"を推進する強力な実現手段となっている。

Swishを活用したキャッシュフリー化によって、Nordea Bankは支店における現金取扱を廃止し、1000店舗を閉鎖して支店を高度な相談業務に特化させようとしている。2017年5月15日付の日本経済新聞によれば、スウェーデンは法定通貨クローネのデジタル化に向けた準備を開始し、2018年に発行判断を行うと報道されている。

タイのナショナルeペイメント構想

　タイをはじめとする新興国では、デジタル化が社会に浸透する一方で、徴税、予算のモニタリングや執行などが紙ベースで進むため納税対象の取引を補足できない等の問題が生じており、国を挙げてデジタル決済を推進する動きにつながっている。

　PromptPayは、2017年1月末にサービスを開始したタイ政府主導のリアルタイム送金サービスで、すでに登録者が2000万人（タイの人口の約30%）を超える盛況ぶりである。成功の秘訣は、タイ政府がデジタル・エコノミー化に向けたプロジェクト「ナショナルeペイメント」（キャッシュフリー社会の意）の実現手段として国を挙げて推進したからである。導入の推進者となったNITMXのワナ・ノパーブホーン女史は、「タイ政府は、外部コンサルタントを雇って、キャッシュフリー化とモバイル決済の推進によって銀行が得る便益の概算を示した。これには店舗における現金保有コスト、ATM削減、事務処理の削減等による各種の銀行にとってのキャッシュフリー化のメリットが含まれていたことが銀行を後押しした。タイ中銀が各銀行に対し事前登録者数を競わせた。各銀行が登録者に対してインセンティブを提示したこともあって事前登録者が拡大した」と銀行と政府が一体で進めたことの意義を語る。

　PromptPayは、個人ID、Tax IDと銀行口座をリンクさせ、個人間の送金に国民ID番号や携帯番号を利用できる。銀行口座を開示する必要がないため金融犯罪の防止に役立つほか、5000バーツ（約1万6000円）以下の送金は手数料が無料の料金体系になっている。このスキームは拡張性があり、近い将来ショッピング代金を加盟店に即時入金する仕組み、年金や税金の還付に利用することが検討されている。この方式だと加盟店は売上代金を即日受領することで、仕入れ資金として活用することができ、経済の活性化にもつながる。政府から見ると徴税や出納に関わるコストや年金処理の事務コストが大幅に削減できる効果を生む。

　さらにこれまで国際カードブランドに依存していた決済スキ

ームが国内スキームになることによって、国外企業に支払われていた決済手数料を国内にとどめ、長い目でみれば銀行の収益を強化し、タイバーツの安定にも貢献する。リアルタイム決済を応用したモバイル送金サービスの導入は、ASEAN諸国に広がっている。すでに基盤整備が完了しているシンガポールではPaynowとして2017年7月に実用化されており、マレーシア、インドネシア、フィリピン、ベトナム等もインフラ整備に向けた検討が進んでいる状況だ。

政府と業界が手を組んだスウェーデンとタイの改革

両国の共通性は、国と銀行協会が主導する形で、モバイル決済を普及させることによってキャッシュフリー化や金融包摂等の社会課題の克服を進めたという点だ。また、当該方式の成功が注目されたことで、北欧やASEANなどの周辺国にも普及していることも共通している。

着眼点1：キャッシュフリー化の促進

リアルタイム決済のインフラが整備され、スマートフォンが普及したことによって、各国で決済分野の多様なイノベーションが起きている。

スウェーデンやタイでは社会課題の解決手段として"Swish"や"PromptPay"などのモバイル決済が貢献した。日本における決済のリアルタイム化は諸外国に先駆けて1970年代から実用化され、勘定系システムを使った自動引き落とし等のサービス開発が行われたことによって銀行口座における預金滞留が促され、当時の銀行における小口資金を集めることに貢献した。今後、日本においてもモバイル決済を"キャッシュフリー化"の促進や"イノベーション"を喚起するプラットフォームとして整備を進めることを検討すべきだ。

キャッシュフリー化は、コスト削減、生産性向上、地下経済の縮小など多様な効果を見込めるが、特に銀行においては絶大なコスト削減効果を発揮する。マイナス金利環境における銀行におけるキャッシュの保有は、運搬などのコストや保険も含め

れば赤字になっていることが見込まれるからだ。銀行における保有キャッシュの圧縮は、全国銀行支店数約1万2000店（平成22年全銀協調べ）の削減や軽量化、全国津々浦々で稼働しているATM約14万台（平成26年全銀協調べ）の台数削減にもつながる。

また銀行口座をベースとしたデビット型のモバイル決済であれば、それが商店での買い物に利用され、オンアス*決済であった場合、加盟店がクレジットカード決済で一般的にクレジットカード会社に支払っている約3％程度の加盟店手数料*を、より安くできると思われる。

加盟店にとってのメリットは売上代金が即時入金されることだ。通常のクレジット・カード決済では半月～1カ月程度を要する回収が即時になることは、飲食店のような日銭商売には流動性の確保につながり、この資金を仕入れ代金に回すことができるため、地元経済に貢献することができる。

キャッシュフリー化の推進に向けて、各ステークホルダーが獲得するベネフィットについてマクロ的な調査を行い世論形成に役立てることが、推進策として有望ではないかと考えている。

着眼点2：モバイル決済を起点にしたイノベーションの促進

モバイル決済は、これまで利用されてきた現金決済やカード発行方式の決済を置き換えるもので、その過程において取引データが発生する。そのデータを活用することによって、利用者にモバイル決済を利用してもらうために様々な工夫がなされ、それがイノベーションにつながると考えている。つまり、モバイル決済導入の究極のゴールはキャッシュフリー化なのだが、その過程における工夫がイノベーションにつながるという図式である。イノベーションとキャッシュフリー化は補完的な関係にあり、キャッシュフリー化で発生したデータを活用した新産業がイノベーションを興し、日本の生産性を向上させていく好循環も期待できる。

モバイル決済の代表格であるスマートフォン決済においてイ

オンアス
on-us：クレジット・カード用語で、発行者"イシュアー"と加盟店"マーチャント"が同じ会社に属している場合の取引をいう。例えば、ある人がA社カードを使い、飲食店での代金をカードで払った場合、その飲食店がA社カードの加盟店であれば、オンアス取引となる

加盟店手数料
MDR：Merchant Discount Rateの略。加盟店におけるカード売り上げは通常、イシュアーとアクワイアラー（加盟店開拓企業）との間で按分される。B銀行のカードをコンビニATMでお金を引き出すと、B銀行はコンビニATMの運営会社に手数料を支払うことになる。モバイル決済のイシュアーである銀行が、モバイル決済の加盟店開拓を直接すれば、アクワイアラーに按分する手数料の中抜きできるオンアス決済となり、加盟店手数料を按分する必要がないため、加盟店手数料を安くできる

第4章 戦いを始めている世界の金融機関

キャッシュフリー社会に向けたインフラを構築する

OFF-US 取引の場合

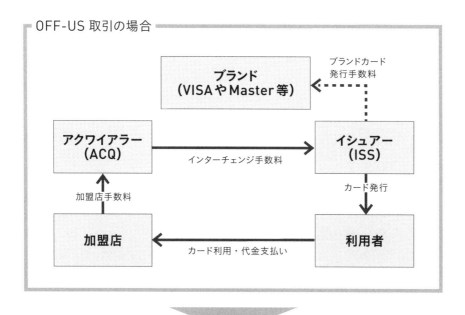

ON-US 取引の場合

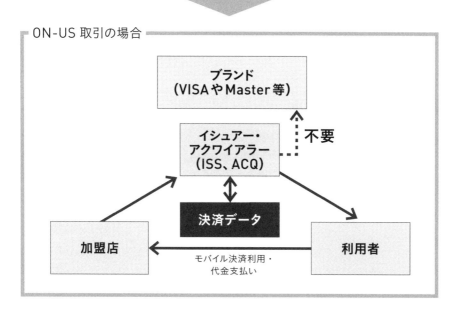

81

ノベーションは多種多様な切り口で発生し得るのである。

まず認証レイヤーだ。ここにはトークンやID等が含まれる。ここでは将来生体情報等を扱うイノベーションの可能性がある。

次に支払い原資レイヤーだ。スマートフォンで払う資金をどこから持ってくるかということで、銀行口座、クレジットカード、ポイント、プリペイドなどが対象だ。ここでは仮想通貨などのイノベーションを見込む。

さらに、接触媒体レイヤーだ。スマートフォンの情報を読み取る方式のことで、NFC（Near Field Communication）、バーコード（QRコードを含む）、ビーコン（Bluetoothを使った近距離無線通信）などがある。ここには、IoT（Internet of Things　センサーのインターネット接続）や音声などのイノベーションが見込まれる。

最後に付加価値レイヤーである。ここにはユーザーに対して提供されるインセンティブが含まれる。受取人向けにメッセージを作成する機能やCLO（Card Linked Offer）などのマーケティング手段などが実装されているが、例えば家具のカタログをVR化（仮想現実）して、自宅の模様替えをシミュレーションし、気に入ればスマートフォンで決済するスキームなどが実現するだろう。スマートフォンはイノベーションにとっての宝の山なのだ。

もうひとつ付け加えるとすれば、ビジネスモデルの革新だ。米国では、スターバックスカードが支払い原資レイヤーでJP Morgan Chaseのチェースペイと提携している。

JP Morgan Chaseは、米国内で約1億口座を有しておりスターバックス利用者と重なることも多いから顧客に便利と判断したはずだ。最近、ノンバンクがスマートフォンを使った顧客サービスに決済を組み合わせたスキームを企画するケースが増えている。このとき支払い原資レイヤーで銀行がスキームに関与できるかどうかが、今後の銀行決済ビジネスの展開上非常に重要になってくると考えている。将来考えうる手形、小切手、公金のペーパーレス化とあわせて、当該領域は今後もイノベーシ

ョンが発生しうる分野だ。

さらに高まるデータセキュリティの重要性

　これまで説明してきたスマートフォン決済を活用したイノベーションとキャッシュフリー化の実現において重要となるのが、データセキュリティの問題だ。スマートフォンの活用が進めば進むほどデータ量は増えて、カード発行者と加盟店開拓事業者においてデータの蓄積が加速度的に進む。

　データはマーケティングや新商品開発に使われることになるため、データ量が多いに越したことはない。しかしながら、大量のデータがハッキングのリスクに晒されることになる点は、これまで以上に対策を講じなければならない。2015年にロンドン証券取引所に上場する大手パブチェーンのJ D Wetherspoonが65万人規模のデータ流出事故を起こし罰金を科されている。欧州では2018年5月から、より厳格な顧客情報管理の基準であるGDPR（General Data Protection Regulation）が導入される。英国は、この時期はまだEUに属しているため、英国企業も従う必要がある。より厳格なセキュリティの導入が見込まれる中で、J D Wetherspoonは顧客データを保有することのリスクに耐えられないとの理由で、2017年6月に全顧客データを削除することを発表している。日本においても、これまでデータ管理をする必要がなかった事業者が狙われる可能性があり、データ管理を専門の事業者に委託するなどの対策の検討が必要になろう（データセキュリティについては第8章でも触れる）。

（2）プラットフォーム・モデル

BNY Mellonの資産管理プラットフォーム戦略

　BNY Mellon（以下BNYM）は、1784年に後の初代米国財務長官となったアレクサンダー・ハミルトンによって創業された長い歴史を持つ名門銀行だ。ハミルトンはNY証券取引所となるニューヨーク市証券取引所や、造幣局の創設など金融インフラを作り上げることに尽力したほか、沿岸警備隊の創設にも

かかわった進取の気性を持つ人物だ。

BNYは2007年に同じ業態のメロン信託と合併したあと、資産運用会社、証券会社を買収し資産管理分野における地歩を固め30兆ドル以上のカストディ資産＊を有する米国最大規模の資産管理信託銀行となった。

BNYMでは、これまで顧客取引を記録するためのシステムから、顧客エンゲージメントを深めるサービスを行うシステムとするためアーキテクチャーを大きく変更している。

そのプロジェクトがNEXENだ。BNYMは主に機関投資家や金融機関を顧客とする銀行であることから、顧客である機関投資家に対して証券決済などの取引を提供してきたが、今後はソリューションや付加価値を提供できるようにシステム自体をサービスプラットフォームにする大きな革新を進めている。この背景にあるのはブロックチェーン技術によってBNYMのビジネス（証券取引の仕組み、特にポスト・トレードと呼ばれる約定後処理の仕組み、証券会社と投資家の関係、ミューチュアルファンドの仕組み等）が様変わりするかも知れないとの危機意識である。

> **カストディ資産**
> 投資家から保護預かりした証券などの資産

システムアーキテクチャーの革新とAPIの活用

実現にはシステムアーキテクチャーの見直しが一義的に重要だ。具体的にはまず、システムをオンプレミス環境＊からクラウド環境に移行し、これまでの顧客のみならず、外部の第三者（スタートアップ等）と協業してエコシステムを形成できる環境を構築した。

それによって、顧客に対しては従来どおりの取引を提供する一方、データを活用した各種の分析やリスク管理などのより付加価値の高いサービスが可能になったほか、顧客の資金証券取引を最初から最後までモニターし、サポートすることも可能になった。今後、第三者に対してAPIを開放することで、サービスは一層の広がりを見せるはずだ。

NEXENのコンセプトは、BNYMを含め顧客である機関投資家、トレーダー、ヘッジファンド、さらには第三者の開発す

> **オンプレミス環境**
> 情報システムを自前のデータセンターにあるハードウエアで運用すること

るアプリやマシーンも含めたデジタルエコシステムの提供を目指している。あたかもGoogleやAmazonのように資産管理ビジネスのプラットフォームを提供するコンセプトは、今までのところ金融機関からは提供されていなかった。最近、Goldman Sachsが投資家向けのトレーディング機能をサービス化するプラットフォームの提供を発表した。今後もこのようなカテゴリー・プラットフォームが登場することになると見られる。

　BNYMは、新サービスの市場投入時間を短縮するために、マイクロサービス（より粒度の細かい開発単位）を利用して再利用できるシステムコンポーネントを増やしながら、APIをフルに活用して疎結合環境を作りアジャイル開発を推進する。BNYMのイノベーションチームを率いるマイケル・ガードナーによれば、BNYMではシステム移行期からAPIの活用に取り組み、現在では内部APIも含め200以上のAPIを作成したと言うが、最終的には500以上に増やす予定だ。その結果、銀行へのアクセスはブラウザーからAPI経由へとシフトが進み、いまやアクセスの80％程度をAPI経由が占めている。

　このような全社挙げてのトランスフォーメーションには、システムのみならず、業務プロセスとシステム開発者を含めた行員が三位一体となって進化することが必要だ。

　特に人材のデジタル化に合わせた再教育を重視しており、シリコンバレーとロンドンをイノベーションセンターの中核拠点と位置付けて、それ以外のこれまでオフショアやオンショア*の開発拠点だった場所においては最高水準のトレーニングやインターン制度を提供して、システム開発人材のトランスフォーメーションを図っている。チーム制でアジャイル開発手法を導入したことで、サービス開始までの時間を短縮するだけでなく、エンジニアの自立という個人レベルでの成長が期待できるようになった。

　BNYMのイノベーションを統括しe-Bayの開発部門を率いるなど、シリコンバレーで長い経験を持つマイケル・ガードナーは、サービス提供企業としての考え方を明確に示す。「BNYM

オフショアやオンショア
本国内の周辺部でシステム開発を行うことをオンショア、インドや中国など海外の低賃金国でシステム開発することをオフショアという

は、これまでも機関投資家に対してサービスを行なってきたが、その顧客もデジタル化へのシフトを余儀なくされているはずだ。BNYMは、自分自身が変革するだけでなくプラットフォームを使ってくれるすべての顧客のデジタル・トランスフォーメーションを支援することが自分たちの責任だと思っている」。

業態によって変わるアプローチ

　BNYMはこれまでMellon信託銀行のほか、証券会社、運用会社などの関連事業者の買収や統合を行って資産管理銀行グループとしての規模の利益を追求し、装置産業型の銀行としての度合を高めてきた。Wells FargoやLloydsのように多数のLOBが存在するというよりも、資産管理信託業務という、投資家を支援する業務セグメントに特化した、主にプロ投資家や証券会社が相手で、リテールビジネスを行っていない装置産業型銀行がBNYMだ。このような特性の銀行におけるブロックチェーン技術等のデジタル化のインパクトは、一般の商業銀行よりも、顧客を含めて大きな影響を与える可能性があり、全行規模でのビジネスモデル革新の決断を後押ししたのではないかと筆者は考えている。

　こうしてBNYMは、デジタル化による危機感から、既存システムをトランスフォーメーションによってNEXENシステムによる資産管理ビジネスのプラットフォーム化を宣言し、APIを多用したアーキテクチャーの変更を行った。BNYMの危機感と対策は、日本のすべての共同利用型システムの格好の教材となるケーススタディといえる。特に、顧客のデジタル化を支援するというスタンスが一貫して流れていることにも留意すべきである。

これからの銀行の資産はテクノロジーとシステム開発者

　BNYMが内部システム開発者たちの再教育を急ぐのは、同行が装置産業化した資産管理信託銀行としては、テクノロジーとシステム開発者こそが資産だからだ。

金融関係以外のデジタルテクノロジーを駆使する破壊者たちは、銀行資産をデジタル化することを目論んでいるはずであり、それに先回りする必要がある。システム開発に携わっている開発者が仕様書に従って黙々とプログラミングする体制から、アプリやAPIに関するアイデアを出し合ってアジャイル開発に関与できるデザイナーや開発者にさせる体制にシフトすることを狙っている。開発拠点をイノベーションラボに衣替えしている理由はこれだ。

　金融庁の森長官は、2017年5月のコロンビア大ビジネススクール日本経済経営研究所における講演で、「イノベーションの進展に伴い、支店網やシステムなどが既存金融機関にとっては負の遺産となっていく可能性があります」と述べており、商業銀行における破壊のターゲットを具体的に指摘していることは留意すべきだ。

　銀行におけるテクノロジーの利用は、ITによる業務プロセスの機械化、ITによる業務の代替と進んできた。今後、データが豊富に生まれてくるなかで、分析エンジンとして人工知能の実用性が高まることを前提に考えると、銀行の内部で行員が行なうことを前提に構築されてきた従来のビジネス・プロセスを、機械が行なうことを前提にしたビジネス・プロセスに再構築することが森長官の指摘する"負の資産"になることを防ぐ方策だと考えている。これこそが、銀行におけるデジタル・トランスフォーメーションなのである。BNYMはこの考え方を元にコアとなるアーキテクチャーとプロセスを見直し、資本市場のゲートキーパーとしてのプラットフォームを提供する新しいビジネスモデルへの変革を進めているのである。

（3）ハイタッチ・モデル

Umpqua Bankのハイブリッド戦略

　Umpqua（アンクア）Holdingsは、NASDAQに上場し、オレゴン州ポートランド市に本店を構える銀行持ち株会社で、銀

行本体の経営規模は、総資産は約240億ドル（約2.7兆円）、純益2.3億ドル（約250億円）店舗数350店オレゴン州のトップ地銀である（日本では地銀中下位行に相当する経営規模だが、収益力は高く店舗数、職員数でも邦銀の同規模行を上回る）。

　Umpqua Bankは先駆的なマインドを持つCEOのレイモンド（レイ）・デイビスに率いられたユニークな銀行だ。レイがCEOに就任前の1994年は、資産規模が1.5億ドルで支店が6店舗のオレゴンの取るに足らない弱小銀行でしかなかった。就任後の20年で、営業網は本店のあるオレゴン州に加え、ワシントン州、カリフォルニア州、アイダホ州、ネバダ州の5つに拡大した。成長の秘密は、ほぼ年1回のペースで行ったM&Aだが、レイの「顧客中心」の経営哲学を基にした「Umpquaブランド」あってこその偉業達成といえる。

　UmpquaブランドのイメージはAppleとStarbucksとThe Ritz-Carltonを足したようなものを想像してみていただきたい。Appleストアと見間違えるようなUmpqua Bankサンフランシスコストア（Umpqua銀行では支店をストアと呼称している）では、来店客の誰にでもコーヒーとクッキーが振る舞われる。

「顧客満足度を上げるのは私の役目だから、私がいるときに来てね」ストアマネジャー（支店長）を務めるマリー・ウォング女史は来店を呼びかける。

　Umpqua銀行のストアに行けばどこでも、金色に輝く電話が見つけることができる。"8"番を押すとCEOのレイにつながる直通電話だ。「大体のお客様は、電話が本当につながっているのかを試すだけなのだけど」。電話を設置した理由は、営業網が拡大してもレイはいつも顧客のためにいるという証だ。レイはストアの接客向上のためリッツカールトンからマネジャーを雇って従業員教育をしているが、これが企業としての成長の基礎になっているという。

すべてのUmpqua銀行ストアには頭取直通電話が設置されている

| 第4章 | 戦いを始めている世界の金融機関

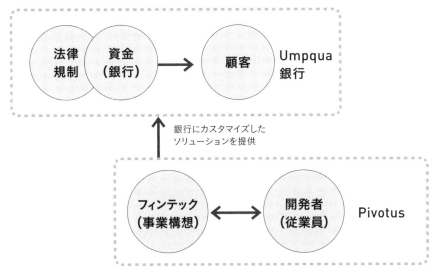

出典：NTTデータ経営研究所にて作成

　レイは、「最近のデジタルビジネスの発展は銀行にとって脅威になる。とはいえ、あまりにも多くの銀行が顧客経験の重要性をないがしろにしてテクノロジーに過度に投資している」。「誇張ではなく、このままでは運が尽きる」と語る。

デジタル・イノベーション・スタジオ

　Umpqua Holdingsが100%出資するベンチャー企業に、2015年に設立されたPivotus Ventures（以下Pivotus）がある。PivotusのCOOは、スティーブ・ゴッツというオックスフォード出身で、AT&Tラボや欧州政府との共同R&D機関を渡り歩いてきた気鋭の人物だ。Pivotusが誕生したきっかけは、"デジタル化の進展によって変わっていく銀行の新しい打ち手"を探していたレイに対する、スティーブの提案が銀行本体とは切り離したベンチャー企業の設立だった。

　Pivotusは、自らを"デジタル・イノベーション・スタジオ"と

称し、Umpquaの経営理念である顧客経験を深める分野を中心に、今までにはない新規サービスの企画とデザイン、製品開発を行う。Umpqua Holdingsは、Pivotusに対して資金、コンプライアンスに関するアドバイス、リアルタイムのテスト環境を提供する形で両者が機能分担することでハイブリッドにイノベーション組織を構築している。

一般にスタートアップ企業は、アイデアに基づきMVP*開発を行い、投資家から資金を集めながら、早期に商品化して市場に投入して規模を拡大し、最終的に売却か上場を狙う。

スタートアップ企業の成功に必要な最低条件は「アイデア」「開発力」「資金」「規制に関する知識」「顧客」などがあるが、Umpqua Holdingsでは、Pivotusがアイデアと開発力を、Umpqua Bankが資金と規制に対する知識を担う役割分担をしている。「たくさんのベンチャー・キャピタル（VC）にアイデアを説明して資金調達に時間を費やすより、銀行にフィットするデジタルサービスを作り出すことに時間を使いたかった」とスティーブ・ゴッツは言う。このスキームがあれば、役割分担によって早期に新しいサービスをUmpqua Bankとともに市場に投入できるのだ。

地域の銀行であるUmpquaにとってこの手法が有効なのは、メガバンクのようにアクセラレーター・プログラム*で品定めをして、スタートアップとの協業によるサービス開発を行うなどの時間と資金の浪費をしなくて済むからだ。

一方のPivotusにしても資金、コンプラ対応、既存顧客を活用できてすばやく効率的な運営ができる。とはいえ、Pivotusがスタートアップの精神を保ち、大胆な発想を失わないために、Umpqua Bankとの地理的な喰い合いが発生しない限り、Pivotusが外部顧客にサービスを提供するため第三者出資を受けることを許容している。最近Pivotusの活動を評価し、英国最大のビルディングソサイエティ（住宅金融会社）であるNationwideが出資を決めている。

MVP
Minimum Viable Product 最低限の機能を持ったプロトタイプ

アクセラレーター・プログラム
スタートアップ企業を集めてアイデア出しをさせるイベント

ロボットによる接客

　英国でモバイルアプリを経由した銀行口座へのアクセスが急拡大しているように、米銀でもモバイル利用顧客数は2桁の伸びが続いている。米銀はモバイル決済と生態認証サービスを普及させる一方、チャットボット＊の導入で支店やコールセンターのコスト削減が並行して進められている。チャットボットは、2016年にサンフランシスコでFacebookのイベントで注目を浴びたが、Wells FargoではKasisto社に投資して自前のチャットボットを準備していたと担当者は語っている。Umpqua BankではBFF（Best Financial Friend）と呼ばれる、より高度な機能を持つチャットボットの進化系サービスをパイロット版で試験中だ。

　このパイロット版は、Umpqua Bankの顧客であれば誰でも無料で利用することができる。パイロット版アプリをダウンロードして、ビデオ、電話、テキスト文章でアクセスするとUmpqua Bankの中から選ばれた、顧客対応能力の高い12名の行員とチャットボットのハイブリッドによって、顧客のニーズに応じた支援や相談がスマホアプリを通じて提供される。BFFパイロットプログラムの対象領域は、海外旅行などの事前通知（米銀は海外旅行の際にデビットカードの利用を事前登録する必要がある）、デビットカードの盗難や紛失に関する通知、新しいデビットカードの交付依頼、住所変更届け、小切手の支払い停止依頼、残高に関する問い合わせ、個人ローンや住宅ローンに関する問い合わせ、特定の取引内容に関する照会、Umpqua Bankのサービスや商品に関する問い合わせなどである。

　単なる低価格チャネルへの顧客誘導は、経営哲学と相反することから、UmpquaではBFFをあくまで支店やコールセンターの支援機能と位置付け、ヒューマンタッチを残すことによって顧客経験の最大化を目的としている。

　UmpquaではBFFでの顧客とのやりとりは逐次モニターされており、やりとりのデータを分析し、行員にアプリ利用者の傾向が分析されフィードバック情報として送られる。

　BFFの力を借りながら行員は定型的な諸届け等の受付対応を

チャットボット
"チャット"と"ボット"を合わせた合成語で、ボットとは"ロボット"の略称。主にモバイル上のMessengerやSnapChat等を使って提供されるが、プログラムがテキストや音声を通じて、顧客と会話を自動的に行う。ユーザーは人間と会話するような感覚で情報収集や、サポートを受けることができる。一般的には定型化した"会話"を利用するが、AIによる高度な会話の実現も可能になってきている

簡易化し、より深みがあり対応範囲が広い部分に集中する。スティーブは、「ストア店員には自然と余裕が生まれるから、顧客側もまるで友人に相談しているような感覚になり、当初の依頼事項を超えて相談事に発展するケースが出てきている」とBFFの効用を語る。預金に余剰があれば投資信託を薦めるクロスセルにつながり、事業承継に絡めて融資を提案するような案件では、新たな商材のセールスにもつながる。

BFFの仕組みは資産運用相談のような個別性が高いもの、遺産相続などの頻繁には起きないため組織ノウハウが残りにくい業務における活躍が期待されている。Umpquaでは、本件導入で顧客経験を全行レベルでアップさせたい考えで、将来的には法人取引への応用も念頭においている。多忙で孤独な経営者こそ親身の相談相手がほしいに相違ないとの判断があるからだ。

中小金融機関の顧客との接点

中小金融機関にとって店舗という固定資産と、顧客との信頼関係が銀行経営の2つの資産である。店舗のコスト削減に向けたオートメーション化は避けて通れないが、過度のデジタル化による顧客との関係悪化は回避すべき問題だ。

そのトレードオフを解消し、Umpquaがこれからもコミュニティの中心であり続けるために、Pivotusは対顧客コミュニケーションのデジタル化を行うBFFを開発したのだ。今後中小金融機関がデジタル化に対応するには、顧客チャネルのデジタル化が考えられるが、それによって顧客接点が希薄化する可能性、口コミをうまく活用するなどの点で、SNSの要素を含んだオートメーションを検討してみる必要がないだろうか。

5 シリコンバレーの歴史にイノベーションを学ぶ

We choose to go to the moon in this decade and do the other things, not because they are easy, but because they are hard, because that goal will serve to organize and measure the best of our energies and skills, because that challenge is one that we are willing to accept, one we are unwilling to postpone, and one which we intend to win, and the others, too.

John F. Kennedy
The 35th President of United States

われわれはこの10年間で月に行くことを選択した。
向こう10年の間に、月に到達することをはじめ、多くの課題に取り組むことを選んだ。それらが成し遂げやすいからではなく、困難だからこそ、立ち向かうことに意義がある。また、それが、われわれの能力や技術を集約し、その真価を測り得る目標であると考える。われわれは、その挑戦を先送りすることなく、他国もそうするだろうが、勝利するつもりで取り組むものである。

ジョン・F. ケネディ

（1）シリコンバレーを創った男

きっかけを作った第二次世界大戦

　シリコンバレーは、AppleやGoogleなど世界の名だたるIT企業が本拠を構えるハイテク産業の集積地でイノベーションの聖地として知られている。シリコンバレーの起源を遡ると第二次世界大戦から冷戦にかけての軍需産業の勃興期にたどり着く。しかし当時のシリコンバレーは、東部のエスタブリッシュメントから見れば辺境の地でしかなかった。

　現在のシリコンバレーの基礎はたったひとりの男のコンセプトで出来上がった。のちに「シリコンバレーの父」として知られるようになる、スタンフォード大学教授のフレデリック・ターマンだ。

　米国は1941年に第二次世界大戦に参戦したが、そのとき米国や英国の戦闘機は、ドイツが誇る高性能レーダーによって撃退されつつあった。当時のパイロットの生存率は太平洋戦争における生存率よりも悪かったとされており、貴重なパイロットをこれ以上失わないために、レーダー技術の確立は喫緊の問題だった。米軍は、技術開発を急ぐためMITやハーバード、そしてまだ無名の西部の大学だったスタンフォードにも資金を提供し研究を進めた。ターマンもハーバードに派遣され、ドイツ軍のレーダーを攪乱する妨害装置を研究するようになる。

　戦後スタンフォードに戻ったターマンは、地元にこれといった産業がなく、卒業生が職を求めて東海岸に移っていく状況を危惧して、母校であるスタンフォードが成長する必要性を痛感した。

　ターマンが導入した施策には、当時では考えられなかったようなオープンな理念が含まれていた。「開発した技術は大学のものではない。学生は自由に研究成果を持ち出してよい」、「研究は大学でやるが武器製造は学外でやるべきだ」というものだ。さらに彼は大学教授がベンチャーの役員をするように奨励し、外部から有能な人物や企業を熱心に誘致したのである。地

元と一体となって、後のシリコンバレー成長のもとになるプラットフォーム形成に向けて以下の施策が導入されたのだった。

①SRI（スタンフォード研究所）の設置による研究成果の商用化
　iPhoneに導入されている"Siri"の研究で有名なSRIは、現在は大学とは別組織の研究機関になっているが、設立当初は大学で開発した要素技術を開発する企業や投資家を巻き込みながら大学の伝統的な役割（研究）とは相容れない現実的な目的（技術の商用化）のための研究機関だった。

②大学を中心とした技術コミュニティの形成
　エレクトロニクス企業のエンジニアたちを大学の講義に出席させ、遠隔地教育プログラムを利用して学位取得を奨励する制度を創設した。これによって、企業の垣根を超えた非公式な協力関係を地域コミュニティに提供した。

③スタンフォード産業パークによる外部企業誘致と有力な研究者の招聘
　大学が有する広大な敷地を企業に長期リースすることによって、企業研究所の誘致を促進した。これによってスタンフォードの技術によるベンチャーが周囲に多く誕生することになった。GE、Lockheed、Xerox、Shockleyや、NASAをはじめとする政府部門や著名大企業の研究機関が進出することにもつながった。

　スタンフォードの卒業生であるビル・ヒューレットとデビッド・パッカードに対し、ターマンは起業のための資金を貸付け、商業生産に向けてパロアルトの銀行に対し融資の依頼をしたことが、Hewlett-Packard（以下、HP）として電子機器の開発をガレージで始めるきっかけを作った。このガレージはパロアルト市内のマジソン街という閑静な一角にあり、"シリコンバレー誕生の地"としてカリフォルニア州の歴史的建造物に指定されている。
　ターマンの積極的な誘致策によって1955年に東海岸のベル研究所にいたウイリアム・ショックレーによる半導体研究所が

設立された。ショックレーはスタンフォードから新卒者を雇用したが、その中に、その後「8人の反逆者」と呼ばれて同社からスピンオフする者たちが含まれていた。ショックレーのマネジメント手法は「偏執的な支配」だった。彼の性格に関する興味深い話にあるとき秘書が親指を負傷した際に、誰かの悪意と思い込み、加害者を探すために嘘発見器を使おうとしたエピソードがある。それに耐えられなくなり、Fairchildからの出資を受けて独立・創業する中にロバート・ノイスやIntelの創立者のひとりで後にムーアの法則（コンピューターの演算速度が18カ月で2倍になる指数関数的な経験則）で有名になるゴードン・ムーアらがいた。

しばらくしてFairchildは業績が下降する。Fairchild経営陣は売り上げの過半を占める半導体や技術開発研究に興味がなく、普段は本社部門のあるニューヨークにいて、シリコンバレーに来ることは稀であった。そのため技術の見極めもできず投資にも消極的だったのだ。そこに競合が新製品を投入してきたのである。赤字に転落したFairchildを見限ったノイスは1968年にゴードン・ムーアとともにIntelを創業。ハンガリー出身で後の名経営者となるアンドリュー・グローブも3番目の社員として合流した。その後Intelでは、Fairchild研究所では見向きもされなかった革新的な技術を活用したマイクロプロセッサーの開発生産が開始される。

テクノロジー業界を牽引し続けるムーアの法則

2015年は、ムーアの法則が50周年を迎えた記念すべき年だった。86歳になったムーアはIntelの記念インタビューに答えて「1965年に示したのは、技術開発の時間的な目標に過ぎなかった」としたうえで、「次第に、この業界の人々にとってどうしても追いついていかなければならないもの、さもなければ技術的に脱落してしまう（到達目標やスタンダード　筆者注）と思わせるものになっていった」と回顧する。このインタビューに対しIntelのストラテジスト、スティーブ・ブラウンは、「ムーアの法則は自然法則ではなく、経験則であり、むしろ野

望や信念に近いといえる」と語る。ムーアの法則は、当初10年間程度を想定して、毎年倍増するといわれていたが、途中で18カ月から2年に修正された経緯がある。口の悪い人に言わせればIntelは、ムーアの法則を体現するためにある会社というくらい、ムーアの法則実現に向けて各社が技術革新に鎬を削る状況があった。それを踏まえると筆者は、ムーアの法則とはむしろ、米国の社会学者のマートンが唱えた"自己成就予言の概念"に近いのではないかと考えている。

　ロバート・K.マートンは、『社会理論と社会構造』（1961年みすず書房）の中で、19世紀の米国社会学者W.I.トーマスの「もしひとが状況を真実であると決めれば、その状況は結果においても真実である」との公理を引き合いに出して、「世間の人々の状況規定（予言または予測）がその状況の構成部分となり、かくしてその後における状況の発展に影響を与える」として、銀行の取り付け騒ぎの事例を紹介している。

　筆者が注目するのは、銀行取り付け騒ぎのようなマイナスのスパイラルではなく、コンピューターの性能改善によって、将来実現可能なビジョンを描くことにつながる好循環が生まれることだ。例えばヒット作"トイ・ストーリー"で有名な、Disney傘下のコンピューターグラフィック企業Pixar Animation Studios（以下Pixar）の共同創業者であるアルヴィ・レイ・スミスは、WIRED誌のインタビューに応えて、次のように語っている。

　「ムーアの法則とトイ・ストーリーの成功には興味深い関係がある。ムーアの法則を未来予測や経営判断に応用することで、20年にも及ぶデジタル映画の構想を実現することができた」。動画作成は、コンピューターの処理能力に大きく依存するため、Pixarはムーアの法則を未来のガイドとして使うのである。

　ムーアの法則は、これまで何度も限界説が囁かれ、そのたびに各社が新たな挑戦を成功させてきた。近年も電力と経済性の点でムーアの法則の限界が近いとの説が披露され、それに対し、Intelは2017年のイベントでムーアの法則は依然健在と発

表し、IBMの技術者たちも新たなチップ開発法を見出したことを公表した。

ムーアの法則が存在することによってイノベーションの精神がコンピューター産業を超えて拡がり、新たな発想とブレーク・スルーに結びついているのである。

ソフトウエアが世界を食べている

マーク・アンドリーセンは初期のブラウザー Mosaic（のちの Netscape）を開発し、インターネットの世界に羅針盤を与えた伝説中の人物だ。同社は1995年に上場後AOLに売却され、彼は売却益を得て投資家に転進する。2009年にベンチャー・キャピタル・ファンド、"Andreessen Horowitz"を共同設立し、Twitter、Facebook、Airbnbなどを育成してきた。

アンドリーセンは2010年に「Why Software is Eating The World（ソフトウエアが世界を食べている）」をウォールストリートジャーナル紙に寄稿し、全産業がソフトウエアによって制御される未来を示した。アンドリーセンの記事は、すべてが接続される環境が訪れることで、ソフトウエアによって産業全体のパラダイムがシフトしていく姿を描き、シリコンバレーだけでなく産業界全体に大きなインパクトを与えた。アンドリーセンはムーアの法則とは異なるが、シリコンバレーに未来の方向性を与えたといってもよい。

（2）アポロ計画とムーン・ショット

ケネディ大統領の宣言

"ムーン・ショット"という言葉は、ケネディ政権下のアポロ計画の実行によって、米国人の士気を鼓舞したことに発している。米ソは当時、冷戦の渦中にあって、核を大量保有することで戦争を防ぐ"核抑止論"をもとに激しい核開発競争を展開している最中だった。1949年ソビエト連邦が原爆を完成させると、米国は1952年水爆を完成させた。これに対しソビエト連邦側も1953年に水爆を完成させた。その後、核を運搬するミ

サイル技術の開発に焦点が移り、大陸間弾道ミサイルや原子力潜水艦発射型ミサイルが開発され、最終的にこの競争は誰が宇宙空間を支配するのかという議論に至った。

　米国は1960年代初めまでは、ソビエト連邦に対し軍事的な優位性を保っていたが、ソビエト連邦はそのギャップを一挙に挽回することを意図して、1959年にキューバに社会主義政権が誕生したことを契機にミサイル基地を建設する計画に着手する。それがケネディ政権誕生直後の1961年の"キューバ危機"につながる。さらに、同年4月にソビエト連邦の宇宙飛行士ユーリ・ガガーリンが、ボストーク1号で史上初の有人宇宙飛行を成功させた。これらを目の当たりにした米国民は、ソビエト連邦との宇宙開発競争で立ち後れていることが、新たな米国の危機に繋がるという不安感を増大させたのだった。

　ケネディは就任後、月に人間を送り込むことに対して入念な調査を続けてきたが、上下両院の合同会議において、宇宙開発の国家目標について次のように語った。

　　　まず、私は、この国が10年以内に人類を月面に着陸させ、無事地球に帰還させる目標を達成することにコミットすべきだと信じている。
　　　（月への有人宇宙飛行計画は）人類にとって、この10年間の、どの宇宙計画よりも印象的であり、長期的な宇宙探索活動にとって重要で、かつ最も困難が伴う、高額なプロジェクトである。
　　　この目標の達成に向け、我々は、月面着陸に適した宇宙探査機の開発を加速させることを提案する。
　　　そして、代替燃料の開発を行い、これまでに開発されたよりも大型で強力なエンジンを最適な状態になるまで開発し続けることを提案する。
　　　われわれは、そのエンジン開発とそれを使った無人探索機に関して追加投資を提案する。
　　　というのも、事前探索は、ある目的のために非常に重要なのである。最初の大胆な飛行計画によって、宇宙飛行

士をこの国が今まで一度も見たことのない月面から生還させることだ。

　本当の意味では、一人の宇宙飛行士が月に行くことではなく、この計画遂行の決断によって、国全体が月を目指すことを意味するということだ。

　われわれ全員の、国を挙げた取組みによって、彼を月に送り届けるのだ。

　アポロ計画は、発射ロケットや有人宇宙船の開発にともなって関連技術を発展させ、特に電子工学や通信、コンピューターなどの分野および軌道計算に伴う統計的な分析手法の開発などの工学分野にも大きな貢献を果たした。このようにアポロ計画において重要なのは、月に人類を送った事実よりも、科学技術への投資によって社会全体の成長に貢献した点だ。

　ムーン・ショット（月ロケットの打ち上げ）が米国人（人類全体）の希望を象徴するプロジェクトと認識されるようになった。それが転じて、未来における自分のありたい姿を描き、それを実現するために困難な挑戦を行うプロジェクトのことを"ムーン・ショット"と称するようになった。

Googleとムーン・ショット

　Googleは、検索エンジン以外の自動運転カーやグーグルグラスの開発など特別な新規事業に挑戦するにあたり、その野望を"ムーン・ショット"や"10x（ten times=10倍）"と表現して、それを実現する研究施設であるGoogle Xを立ち上げ、外部からの提案を受け入れるGrants制度を採用している。

　その研究対象は、低価格の月面探索、ロボット工学、AI、生命工学など多岐にわたっており、ハードウエアも含めたGoogleのこれまでの業務領域を超える発想で進められている。そこで10倍の性能向上を狙えというメッセージである。当時のCEO、ラリー・ペイジによれば、「多くの会社は競合と競争することを考えているが競合と戦うのではなく、より良い世界を作るという、より高い目標を目指すべきだ」。

Googleはインターネットの検索エンジンと広告を結びつけて新しいビジネスを確立し、創業当時、自社のミッションについて"グーグルのミッションは世界中の情報を整理することだ"と定義していた。しかし検索＋広告モデルが軌道に乗ると自社の新たなミッションは"積極的に未来に投資すること"へ進化していった。やがてすべてがインターネットにつながるIoTの時代を迎え、AIや自動運転車等インターネットに結びつけられるものならば何でも手に入れる、という未来に関する楽観的な姿勢が認識されるようになってきたのだ。

　Googleが進化していく理由は、元CEOのエリック・シュミットの言葉「究極のことを言えば、ほとんどの企業が滅びる。彼らは一芸に秀でていてもそれ以外のことについては関心がないのだ。そしてそれをプラットフォームとして提供しようともしない」という言葉に端的に表れている。

　著者は、日本企業も自社独自の"ムーン・ショット"を持つべきではないかと考えている。"ムーン・ショット"を考えることは、"組織としての将来のなりたい姿"を構想することで、組織全体を巻き込んだイノベーションへの対応方針を宣言することだからだ。

　"ムーン・ショット"が共有されることによって、従業員のやる気を高め、社会的な認知が進むことで、達成した結果がビジネス上の競争優位に好影響を与えるだけでなく、組織だった先進的な活動を行っている企業であることの認知が向上する。そのため、Google等では異業種からの新規採用に好影響を及ぼしているという統計があり、ブランディング活動に効果を発揮することがわかる。

　"ムーン・ショット"の検討アプローチは、将来のなりたい姿を起点に現在何をするべきかを考える"バック・キャスティング"と呼ばれる方法がベースとなっている。

　このアプローチは、政府部門など超長期戦略の検討に用いられる手法で、例えばスウェーデン政府では25年という期間、それは現世代が責任を持てて、社会が新しい技術を導入するた

めの所要期間なのであるが、その長期的な未来を展望し、サステナブルな環境配慮型の社会のあり方を、この手法を用いて構想した。一般的な戦略構築アプローチは、過去や現在を起点に将来のあり方を検討するが、バック・キャスティングでは、将来のなりたい姿が先にあることによって、未来を自分の手で切り開き、よりダイナミックな戦略検討によって、変動の重要なポイントを見逃すことはない。現在のような変動の激しい時代において、明日は昨日や今日の延長線上にあると考えること自体がリスクを伴うからである。

組織としての"ムーン・ショット"を考えるには、これまでの組織としてのあり方（業績などの数値ではなく、組織の由来・出自・伝統・DNA等）やこれからの組織と社会との関係（社会が抱える課題と組織との関係）を踏まえて、従業員を初めとするステークホルダーを鼓舞し巻き込んでいけるような、斬新で進歩的だが、それでいて実行不可能ではない"大きな絵"を構想すべきである。

シリコンバレーを訪ねて「あなたたちの"ムーン・ショット"は何?」と尋ねれば、ほとんど即座に答えが返ってくるはずだ。

ある銀行のイノベーション部門の幹部は、「顧客が中心にいる未来の銀行を作ることだよ」と答える。その銀行の考える未来の銀行は、言葉だけではなかった。

まずデジタルチャネルに投資し、その周囲に支店の機能である相談機能、顧客のビジネスをモバイルコマース化させるスマホアプリ、集合住宅の室内環境をスマホで管理して、家賃の支払いや、共用スペース利用の予約ができるアプリ等を続々と供給する。銀行外部に向けたデジタル化と同時に、銀行内部に対してもデジタル化を浸透させるために、多彩な研修や教育プログラムの実施や、外部の第三者との協業、内部プロセスのデジタル化をいずれもスマホ経由のサービスとして支援する。なかにはドローンを使った郊外の担保物件管理や、セグウェイが会議用のPCを運んでくるような試作品もある。こうして支店機

能がアプリに移行されてきたところで、支店をカフェ風やスタートレック風に衣替えし、同時に支店数を削減していく。なるほど、未来の銀行は、こうした一連の関連づけられた活動で作られていたのか、と考えさせられるのだ。

（3）アメリカの新たなムーン・ショット
"シンギュラリティ"と"収穫加速の法則"

　シンギュラリティ（技術的特異点）とは、ムーアの法則に依拠してコンピューターの処理能力が拡大し、人間の脳の処理能力を超える特異点に関する構想で、2045年には到来するといわれている。ムーアの法則によってCPUの処理能力が指数関数的に増大し、それがインターネットで結合され、その処理能力の合計が人間を上回るというものだ。

　ビジョナリー*であり、GoogleのAI研究ラボ"Google X"のディレクターを務めシリコンバレーでは非常に影響力の強い人物とされるレイ・カーツワイルは、コンピューターの処理能力向上は、コンピューターを使って研究を進める他の分野（バイオ、ナノテク、ロボット、AI、脳科学）にもその影響が及ぶとして、科学分野全般が進歩することで"収穫加速の法則（ひとつの重要な発明は他の発明と結びつき、次の重要な発明の登場までの期間を短縮し、イノベーションの速度を加速させ、科学技術が直線的ではなく指数関数的に進歩するという法則）"が実現するとしている。

　彼が唱えたシンギュラリティによる科学の指数関数的な進化の法則は、Googleが"ムーン・ショット"を唱えて検索エンジンを超えたビジネスに挑戦したこと、PayPalマフィア*の一員でもあるイーロン・マスクらのTeslaやスペースXなどの未来に投資する意欲的な挑戦に対してバックボーンを与えている。

　つまり、シンギュラリティの概念は、シリコンバレーの"新たなムーン・ショット"だと考えていい。

　カーツワイルは、シンギュラリティの概念を世の中に広く理

ビジョナリー
事業の将来性を見通す能力を持った人物のこと

PayPalマフィア
PayPal創業に関わったメンバーの総称。PayPalは2002年に上場し、その後eBayに売却されたが、当時のPayPalはさながら梁山泊でその連中をPayPalマフィアと称する。上場と売却で大金を手にした創業者や上級スタッフたちが起業家や投資家として活躍している。その中には、イーロン・マスクやシリコンバレーを代表する投資家でトランプ氏の政権移行チームのメンバーでもあったピーター・ティール等がいる

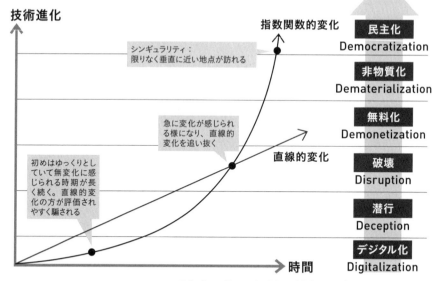

出典：Peter Diamandis "BOLD" を参考にNTTデータ経営研究所にて作成

解させるために、Googleや他の有力企業からの出資を受けてシリコンバレーにシンギュラリティ・ユニバーシティを運営している。ある米銀大手行の幹部は、同校の活動を支援するメンバーとして活動しており、他のシリコンバレー企業と同じようにカーツワイルの視点や、デジタル・トランスフォーメーションの視点を含めて将来の銀行ビジネスを構想し始めている。

シンギュラリティ・ユニバーシティの共同創業者のピーター・ディアマンディスは、イノベーションを促進するための非営利財団"XPRIZE"を運営している。

XPRIZEは、世界が直面する課題の解決を目的に技術の開発を促進するコンテストで、最近ではGoogleがスポンサーとなり月面への民間ロボット探査機着陸を競う"Google Lunar X PRIZE"などで知られる。日本からはANAが2016年にスポンサーとして参加している。

財団の創業者でもあるピーター・ディアマンディスは、彼の

著書『ボールド　突き抜ける力』（共著　2015年　日経BP社）で、指数関数的な成長（＝エクスポネンシャル）が破壊的なイノベーションに繋がる連鎖反応について次に紹介する6段階の枠組みで説明している。Googleの関心事項は、枠組みの第二段階にあたる"潜行"時期において、破壊的だが気がつきにくいイノベーションの種子を発見することにあると考えられる。だからXPRIZEのスポンサー企業として名乗りを上げているのだ。

ディアマンディスの示す指数関数的なデジタル化の進化とは、次のようなプロセスだ。

第1段階：デジタル化｜Digitalization

人間がアイデアを共有し交換することによってイノベーションは生じる。このアイデアをコンピューターによってデジタル化し交換することでアイデアが指数関数的に広まり、複製や共有が進む。

第2段階：潜行｜Deception

指数関数的成長は、直線的な成長と比べ初期段階での成長はゆっくりとしていて、当初は気がつかない程度で、見落としがちである。

第3段階：破壊｜Disruption

破壊的な技術によって新しい市場が創造され既存市場を破壊するイノベーションにつながる。破壊は常に偽装段階を経て発生するため、脅威が認識されていても評価が難しい。Kodak社におけるデジタルカメラ技術も最初は玩具と認識され、無視された。

第4段階：無料化｜Demonetization

無料化とは収益源がゼロになるほどの代替が進むことで、Kodakの事例ではフィルムが無価値になる現象で、長距離電話とスカイプ、レンタルビデオとストリーミング配信も同義。

第5段階：非物質化｜Dematerialization

　無料化がモノやサービスに払われていた対価が消えることであるのに対して、非物質化はモノやサービス自体が消滅することを意味する。デジカメがスマホの一部となったように、辞書、新聞、地図などの単機能が万能機によってに取って代わられること。

第6段階：民主化｜Democratization

　物理的な存在がデジタル化する流れに乗って、デジタルプラットフォームに組み込まれることで、コストがゼロになり、結果として誰にでも手に届くものになること。Linux、Firefox、Wikipediaなどが該当する。

　ディアマンディスが主宰するXPRIZEは、人類の課題解決に資する技術開発ともいうスケールの大きな発想のもとで行われるコンテストを開催している。未来に対する楽観論と科学技術がすべてを解決するというケネディ時代のムーン・ショットに匹敵するような考え方がその背景にある。シンギュラリティやエクスポネンシャルな進化に関するコンセプトは、日本人的な発想からすると、俄かに理解しがたい部分もある。しかしながら、シリコンバレーを中心とするコミュニティには、その考えに基づくデジタル化の指数関数的な成長志向がしっかりと根付いていることについて、気に留めておきたい。

　筆者は、コンピューターの急速な処理能力拡大を暗示するムーアの法則が、カーツワイルの収穫逓増の法則に昇華されたことで、その適用範囲が全産業に及ぶこと、そしてそれが、アントニー・ジェンキンスによる銀行界への警告となり、クラウス・シュワブが提唱する政府部門を含む第四次産業革命宣言にもつながる、テクノロジーと社会の未来に関する洞察の連関性が存在していると見ている。

6 人のイノベーション

"Most companies ultimately fail because they do one thing very well but they don't think of the next thing, they don't broaden their mission, they don't challenge themselves, they don't continually build on that platform in one way or another"

Eric Schmidt
Former CEO Google

究極的には殆どの会社が失敗する。ひとつのことには精通するのだが、次にやることに目を向けず、ミッションを拡張しようともせず、自分自身にチャレンジしようともしない。何とかして継続的にプラットフォームを作ろうとしないからだ。

エリック・シュミット

（1）マインドを変える

経営者の世界観

　Wells Fargoのイノベーションラボは、部門を率いるスティーブ・エリスの実践的な経験をベースにしている。というのもエリスは法人金融部門在籍時に、当時存在しなかった法人向けのモバイルバンキングを構想し、上司に掛け合って5億円の予算をもらって、サービスを立ち上げた実績を持つからだ。スティーブ・エリスは、イノベーションのアイデアが湧いてきたときのことを述懐し、次のように語っている。「ある日、ブラックベリーを弄りながら交差点で信号待ちをしていたら、周囲を見回すとみんなブラックベリーを持っているのがわかった。その瞬間、当時のボスに電話して、モバイルバンキングは必ず来ると言った。ボスには全くわからなかったようだが、5億円くれたら証明してみせると言ったのさ」。

　その9カ月後、世界でどこにもない法人向けのモバイルバンキングサービスが登場した。スティーブ・エリスのようにイノベーションの必要性を自ら経営者に進言できる人物がいれば問題はない。

　BNYMがビジネスモデルのデジタル化について検討を始めた契機は、2012年にスレッシュ・クマールCIOが就任し、彼の危機意識をもとにCEOのジェラルド・ハッセルを含むシニアマネジメントが3度シリコンバレーツアーを実施したことに遡る。マネジメントがシリコンバレーでAndreessen Horowitz*やPayPalマフィアたちと親交を深めるなかで、ブロックチェーン技術等のデジタル化によって自行ビジネスモデルが破壊されるという危機感を強めた。その後、外部コンサルタントを交えて議論を進める過程で、全行的なトランスフォーメーションが必須と判断し、これまでの取組みを一新しBNYM自体がデジタルエンタープライズとなる新しいコンセプトのビジネスモデルを決断した。

> **Andreessen Horowitz**
> Marc AndreessenとBen Horowitzによって創業されたシリコンバレー最強といわれるベンチャーキャピタル

経営者がシリコンバレーなどイノベーションのメッカを訪れ、面談を通じたインスピレーションによって、デジタル化に舵を切ったという話をよく聞く。

金融危機以前の欧米で、デジタル技術の重要性にいち早く着目した銀行経営者は、BBVA Banco Bilbao Vizcaya Argentaria S.A.（以下BBVA）のフランシスコ・ゴンザレス頭取だ。彼は、2006年に開催された会合の場でスティーブ・ジョブスに会い、テクノロジーが銀行業務に与える影響について触発され、その後、米国フィンテック企業のSimple社買収や"BBVAは将来IT企業になることを目指す"という発言につながっていった。BBVAは、母国スペイン市場が経済的低迷に見舞われたことで積極的に北米や南米に進出しており、デジタルを新たな競争優位性のために使いたいとの意図が働いたのである。

ゴンザレス頭取はIBMのプログラマーとしてキャリアをスタートさせている。その経験があったからこそデジタル技術の可能性を敏感に察知できるのである。日本のメガバンク関係者によれば、ゴンザレス頭取は自らの経験を邦銀頭取と定期的に共有しているという。

そのようなシニア同士のコミュニケーションを通じて、デジタル技術の脅威に対する認識は、銀行経営者の間に燎原の火のように広がっていく。

イノベーションの実現は単なる技術導入にとどまらず、ビジネスモデルの変更に対する投資や人事政策などと深く結びついているがゆえ、経営者の理解とコミットメントなくして、イノベーションは育たない。日本的な内部ボトムアップは、経営者が最も上位の"裁判官"として効果的に活動するために必要だが、イノベーションというこれまでにない取組みの必要性を踏まえた的確な判断にも有効かというと、そうとは限らない。

なぜなら、ほとんどの経営者は既存組織のエースとして社内を生き抜いてきた経験の持ち主で、収益を上げるには、すでに業績の上がっている分野に注力するほうがよく、未知の新規事業開拓に力を入れるのは成果が不確実で取り組みにくいことを身体で覚えているからだ。

また、経営者は概して高齢で、「自分の時代はまだ大丈夫」と世代間ギャップが生まれることもあるだろう。この結果、企業の中長期的なイノベーションは停滞することになる。
　企業経営者を動かすには、外部からのインプットが必要で、ボトムアップアプローチでは限界があるのだ。

デジタルにコミットする経営者

　これまで筆者は、多くの経営層の方々と世界各地のイノベーションのメッカを訪れてきた。その経験を踏まえると、経営者の理解を得るには、経営者が耳を傾けるに値するビジョナリーやエバンジェリスト*たちとの直接的な交流が必要である。
　日本の経営者と外国人では言葉や習慣が異なるかもしれないが、さすがに、人を見る目は確かである。英語や技術的な理解は、随行者がサポートすればよい。経営者がフェイス・ツウ・フェイスで外国人と向き合って度量を確かめて、話の信憑性を自分の目と耳で確かめてもらうことが重要だ。
　つまり、経営者が現業を離れて異業種の課題を知り、時間を遡り、将来を語り、地理的に遠い場所の経験を共有して比較したり評価したりすること。それをビジョナリーたちの視点と経験を借りて短時間に行うのだ。立派な経営者なら、ある種の新しい見聞や学びを得て、それを自分の現在の仕事に投影できるはずだ。
　シリコンバレーのスタートアップ上がりの著名なVCでは、経営者向けにセッションを開催している。イノベーションラボの現場で鍛え上げられたヘッドと向き合うのも良い。Wells Fargoでは、レイ・カーツワイルが主宰する"シンギュラリティ・ユニバーシティ（SU）"の講演をシニア幹部向けに行ない、セッションに参加することで幹部に指数関数的なスピードで変化するデジタルマインドを植えつけようとしている。

　これからの経営者は、イノベーションの実践者としての役割が期待されることになる。経営者がデジタルなマインドセットを受け入れるための努力は、組織が取り組むべき課題である。

エバンジェリスト
IT業界の新しい動きを部外者にわかりやすく伝える役割を担う人物

その意味では、経営者の意識改革からイノベーションが始まるといってもよい。筆者が参考人としてプレゼンテーションを行った"フィンテックベンチャーに関する有識者会議"においても、委員の間で経営者の資質が問題視された。意思決定における現在の経営者の振る舞いは、オープン・イノベーションの導入で外部の知見を活用できるとはいえ、引き続き組織的なボトルネックになる可能性があるというのだ。

行員をデジタル化する

　筆者が訪問した海外金融機関では、どこの金融機関においても、若手人材確保と行内シニア層のデジタルに関する認識を高めることを目的に教育活動が行なわれていた。

　印象的だったのは、大学生インターンによるシニア幹部に対する体験的な、APPY HOUR*と名付けられた教育だ。デジタル化による業務革新が進むことを体験するプログラムだ。

APPY HOUR
アプリ（APP）利用のレクチャー。業務終了後の夕方に開催されるため、酒場のHAPPY HOURをもじっている

　また、全行的なデジタル化は業務プロセスの改革を伴う難易度が高いプロジェクトになるため、イノベーション部門内に専門コンサルティング部門があり、LOB職員とともに活動を行なう。各LOBが外部企業との協業のために、部屋の予約や集合時間などのスケジュールを外部の人材も含めて計画できるチーム・コラボレーション・アプリが提供される。デジタル関連のニュースや活用メニューを毎週更新して配信し、銀行全体のデジタルに関する認知度を向上させる取組みを行なっている銀行もあった。

　Lloydsでは、"デジタル・エスプレッソ*"と呼ばれる行内イベントが、行員向けに開催されている。30分程度の短い時間で行われる解説で、新しい技術トレンドが金融サービスに影響を及ぼす可能性についてインスピレーションを与えることを目的にした活動だ。毎回概ね80名ほど多数が参加している。イノベーション文化チームのマネージャーを務めるマキシン・オースチンは、「われわれの仕事は、イノベーションを行員の仕事にすることだ」と語る。「マーケットを主導する最新の技術を

エスプレッソ
コーヒーのエスプレッソを飲むように短時間で終わらせることをイメージしている

紹介し、銀行内の異なる顧客層の経験知の共有もする」とプログラムの構成を教えてくれた。

デジタル・エスプレッソは、単なるプレゼンのみならずディベート形式のときもある。

エスプレッソのイベントは、夕方すこし長めの時間でフィンテック企業や投資家を交えて開催される"エスプレッソ・マティーニ"や、セッションをビデオ化して遠隔地の支店などと共有する"エスプレッソ・シネマ"の3つのプログラムに分かれている。

デジタル・ディスラプション（デジタル化が引き起こす銀行業務の破壊）や、AIがもたらす失業の可能性が最近、取り沙汰されるようになってきた。

今後、銀行が破壊的なプレイヤーに対応していこうとすると、銀行の重要な資産（支店の不動産としての資産および顧客資産、IT等の無形資産）のデジタル化がまず重要だ。

つまり、行員が手を動かすことを前提に構築されてきたこれまでのビジネス・プロセスを機械に任せるビジネス・プロセスに変えるには、まず行員のルーチン活動を見える化するため、活動を支援するアプリケーションを内部に配ることだ。それを使うことで行員の活動がモニターできる。そのうちワークフローが定まって手順書に基づいて処理されている事務作業はRPA*に任せていくことだ。そして"働き方改革"の観点も入れながら、リモートでの働き方や非ルーチン業務にもカバーする範囲を広げていくことが必要だ。

Citi Bankでは、デジタル・トランスフォーメーションにあたり、まず行内での活動を効率化するために複数の内部プロジェクトを立ち上げた。そしてそのなかでも最も効果が高かった経費・出張旅費の清算業務に関してアプリを作成し、グループ全体に配布している。

そしてその後、顧客にも同じアプリを配布し、顧客のビジネス・プロセスをデジタル化することを視野に入れている。まず

RPA
Robotic Process Automation：ロボットによる業務自動化

内部でプロジェクトを先行させノウハウが溜まった時点で外販してコストを回収するパターンは、Citiの十八番だ。コアバンキングシステム"フレックス・キューブ"の開発においてもインドのCitiバンクで先行開発させたシステムを自行拠点で使いこなし、当該パッケージを開発した部門ごとIPOさせたのち、Oracleに売却している事例がある。

次に必要なのは、行員がデジタルに対応できるように再教育することだ。これは銀行にとって顧客デジタル化の戦力を内製化する機会につながる。内部教育プログラムは、定期的に媒体として刊行するもの、社内の階層別に定期的に開催するイベントに分類されるが、経営陣に対してもそうであるように、人間を動かす最善な手段は、説得や人間との交流が決め手になる。

イノベーション魂に火をつける

シンガポールのトップバンクであるDBSのイノベーションアプローチは、内部イノベーションの強化である。DBSのチーフイノベーションオフィサーのニール・クロスは、イノベーションには次の3つのアプローチがあると語っている。

①既存インフラをそのままにしてイノベーションを導入するのは、Lipstick on a Pigだ。(豚に口紅を塗るようなもので、人工的に取り繕っても中身は豚であること変わらないという辛辣な例え)
②外部からプロダクトを購入し、リブランドする(これも①とほぼ変わらない)
③本腰を据えて企業カルチャーを変革する。

DBSは、本腰を入れて汗をかく③しかないと判断した。

現在、DBSアカデミーという研修施設において内部でイノベーションを進めるために行員に対して階層別のプログラムを実行している。

①行内ビジネス・アイデア・コンテスト

　支店長以上の役職者を対象に、テクノロジーを活用したコンテストを行内で開催し、CEO、CIO、HR担当役員およびDBS関連のベンチャーキャピタリストの前でプレゼンを行い、優勝者に対し、賞金と活動期間が与えられるというもので、すでに複数の案件が活動開始している。

②スパーキーズ（種）

　支店長以下の若手行員全員に対し、1ヶ月に1日をイノベーションのための活動に参画する義務を負わせる。これは、行内の他のイニシャチブに対する支援活動も含まれており、行内のイノベーションに対する理解を深めることが目的である。

　このプログラムはGoogleが社員に対し、一定時間を社員の本業とは異なる創造的な活動に使うように勧奨している活動と同じだ。DBSをよく知る人物は、DBSが内部イノベーションに力を入れる理由は、「DBSの出自が国策銀行であるシンガポール開発銀行＊で、リスクをとらない伝統的なカルチャーが行員の間で支配的であることに対する危機感が背景にある」と語る。

シンガポール開発銀行
現在でもシンガポールの国営ファンドであるTemasekが第2位の株主で10%程度の発行済み株式を保有している

賞金付きコンテストで競わせる

　商業銀行が破壊されると仮定した場合、そのターゲットになるのは、IT、支店およびそれに付随する人材だ。銀行のデジタル・トランスフォーメーションは、デジタル投資を実行することにしたなら、まず顧客との接点（および顧客ビジネス）についてデジタル化を図る。そのためにアプリとAPIを使って、業務単位にどのようなデジタルサービスが可能かについて社内で検討できるような体制を作ることが望ましい。次は、行員の活動プロセスをモニターして業務をデジタルに移行させることだ。同時に行員をデジタルビジネスに関与できるように再教育をしていくことで、支店やバックオフィスのデジタル化が進み、コスト削減や合理化の果実を得ることができる。これらが総合されて破壊者対策になる。

もし筆者が経営者だったら、支店担当者をそれぞれの業務、例えば、融資・外為・預金・公金などのチームに分けて、支店を超えたコミュニティを作らせる。業務に詳しいチームで新しいアイデアを出させて競い合わせるためだ。最近、地銀のシステム共同化単位でイノベーションの検討が進んでいるが、検討の場でコンテストを開催し優秀なチームに賞金を与えデジタルビジネス企画にシフトさせるようにするだろう。イノベーションによるブレーク・スルーを考えたときに賞金を懸けたコンテストは、以下のシリコンバレーの例のように、非常に効果があると考えるからだ。

　シリコンバレーで高額な賞金付きコンテストを主宰するピーター・ディアマンディスは、著書『楽観主義者の未来予測』（2014年　早川書房）で、人間のイノベーション魂を刺激する要素について、"恐怖"、"好奇心"、"金銭欲"、"大きいことがやりたい欲求"と定義している。それらを満たすのが賞金付きコンテストだ。さらにディアマンディスは、チャールズ・リンドバーグがスピリッツ・オブ・セントルイス号でニューヨーク・パリ間の大西洋横断単独無着陸飛行を成し遂げたことを紹介し、リンドバーグが賞金を狙って挑戦したことを指摘している。横断飛行に成功したリンドバーグは、賞金の一部をアメリカ人で、後に「ロケットの父」と呼ばれることになるロバート・ゴダードに出資し、当時は変人扱いされていた彼の研究を支援した。賞金付きコンテストには、このような連鎖的な効果も期待できる。

キッチンとピンポン台に見る新しいワークスタイル

　Pivotal Labs*はサンフランシスコを起点に世界中でアジャイル開発といわれるトライ＆エラーの開発手法を顧客企業に提供する企業だ。Pivotalの社名の由来となっているPivotとは、"重要な転換点"という意味で、シリコンバレーでは変化そのものが尊いものとされていることから、成長と同義で使われている。

Pivotal Labs
2013年にEMCとVM WareとGEの出資により誕生したPivotalのアジャイル開発のコンサルティングを行なう部門

Wells Fargoイノベーションラボの風景。ピンポン台とサッカーゲームは重要なアイテムだ

　Pivotalが作っているのは、ソフトウエアというよりもチーム自体である。
　具体的には顧客企業の志向にあったソフトウエアを迅速に開発するためのノウハウやツールを提供しているのだが、本質的にPivotalは、環境変化に対するリスクマネジメントを提供していると考えられる。つまりソフトウエアの開発と運用業務を内製化し、その組織的能力を外部に100%依存せず維持する体制を作ることだ。自社でシステム作りができるということは、環境変化に即応できるということになるからだ。
　Pivotalのサービスは、Pivotalが提供するソフトウエアを使った開発・運用において、組織の相互依存性を考慮しながら効率的に拡張していくための方法論に基づいている。Pivotalは、創業時点ではe-BayやFacebookの開発部門を支援していたが、最近では社内テクノロジー組織の変革を急ぐアメリカや中国の大企業を支援する機会が多くなっている。Pivotalとの協業を通じて行なったアジャイル開発を継続するために、自分自身の会社にも同じような環境を構築したいという企業が増えているのである。
　Pivotalのサービスを一言で言うなら「シリコンバレーの文化」である。同社は世界中どこでも同じ規格でオフィスを作っているが、特徴は、どのオフィスにもキッチンとピンポン台があることだ。
　就業時間は9時から18時で、朝、時間どおりに来てほしいので8時から朝食を無償で提供している。ピンポン台は、シリコンバレーのテクノロジー企業ならどこでもよく見る。ピンポン台が必要なのは、アジャイル開発でペアになった人と息を合わせて仕事をするために必要なコミュニケーションの道具と考えているからである。就業時間は8時間と決まっていて、その間はみっちり仕事をしてもらうために顧客には個人のモバイル

などを使わせず共有端末を使わせる。そして気分転換が重要だと考えるから18時には帰宅させるのである。

行動規範とルールを導入する

筆者はイノベーションラボを訪れると、廊下や部屋の壁に目を向けるようにしている。大体目立つ場所に「行動原則」や「推奨する考え方」などが掲げられているからだ。その中から2つ紹介しよう。

"プロトタイプ作成に関する行動原則"　米国大手銀行

1. **素早く学べ**：反復的に繰り返すほど、その工程がどのように動くのかがわかるものだ
2. **示せ、語るな**：具体的に高速にデザインせよ
3. **ユーザーからフィードバックをもらえ**：大きな反応を期待しよう
4. **役割分担をする**：今日は全員デザイナーだ。でも、キャプテンでありマーケターであり翻訳者であるような追加の役割も与えよう
5. **文書化された意思決定**：学びを貯蔵し、その後のプレゼンテーションに入れよう

"良い考えとは"　英国保険会社

「良い考えは、ロケットサイエンスなどではなく、Ph.D.やMBAや経営会議で決められるものでもない。耳を澄ますことから、周りを見て注意を払うことから、習慣の中から、共通の目的からやって来る。

それは、違いをもたらすもので、本当の問題を解決するものでもあり、その考えがわれわれを助け、前に進ませてくれるものだ。

"やあ、何て良い考えだ"
"ワオ、これは助かるね"
"ありがとう。これはいろんな意味を持っているね"
われわれは、いつもこんな考えにたどり着こうとしている。
このアイデアこそが、本当の人やコミュニティにとって違いをもたらす。

これはロケットサイエンスなどではない。

しかし、われわれがどうやって会社を経営するかということであり、われわれはこれを"良い考え"と呼ぶ」

（2）システム開発を変える

変化を抱擁するアジャイル開発手法

今一度われわれが直面しているデジタル世界を思い出してほしい。この新しい世界は、ムーアの法則をもとに指数関数的で、不連続な変化を遂げようとしている。

仮に300㌔で疾走している超高速列車だとしよう。立ち止まって飛びつこうとしても振り切られるのが関の山だ。こちらも300㌔とは言わないまでもある程度加速しない限り飛び乗ることは危険だ。とにかくスピードが出る乗り物を作る。その方法のひとつが外部の力を借りるオープン・イノベーションの取組みであり、アジャイル開発である。

アジャイル開発とは、短い期間で開発サイクルを繰り返す方法で、ビジネスケースを作り出しながらプロジェクトを前進させる。

初期のコンピューターは弾道計算など数学の問題を解く要素が強く、自然科学のように比較的安定した法則に拠っていたため、開発に着手する前に要件を定義することができた。しかし、コンピューターが、ビジネスや最近では社会的な課題解決など、流動的であらかじめ要件を定義しにくい分野に応用されるようになると、システム開発のあり方が変化していった。

エクストリーム・プログラミングの手法

Pivotalが提供している手法はエクストリーム・プログラミング（XP）と呼ばれる、アジャイル開発手法のひとつで、リーン開発手法とも言われるトヨタのカンバン方式や日本型経営の"KAIZEN"を源流としている。

XPの発案者であるケント・ベックらが表した著書"Extreme

Programming Explained - Embrace Change"には"変化を抱擁しよう（Embrace Change）"とあるように、アジャイル開発手法は、ソフトウエア開発において事前に要件をすべて確定させて凍結しようとするのではなく、要件の変更が当然のようにあるものとしてむしろ積極的に受け入れることを目指している。XPが受け入れられるようになった1990年代後半の米国は、IT革命と呼ばれ、インターネットを活用したeコマース等の各種のサービスが続々と誕生し、それが時々刻々と変化するような環境にあった。それによってソフトウエア開発は、第一にスピードが求められたのである。

XPには、プリンシプル（原理）としてコミュニケーション、シンプル、フィードバック、勇気、尊重の5つの価値が定義されている。

XPの原理をもとに、実際のソフトウエア開発の際のプラクティス（実践方法）として共同・開発者・管理者・顧客がそれぞれ行うべき19種類の活動が示される。

いくつかを挙げれば、オープンな空間での作業、小規模開発、テスト工程の重視、ペアで行うプログラミング、ソースコードの共同化、プログラミングを行う時間の上限設定、ストーリーの共有、短期的なリリースなどだ。

チーム全体の士気を高めるペアリング

Pivotal Labsでは、基本的に顧客とのペアリングで開発を行っている。ペアリングの組み合わせは毎日変更する。これによって、休みを取った場合でも代替がききチーム全体が均一なスピードで進むことができる。またチーム全体でノウハウを共有し、やり遂げることで士気の向上につながるからだ。

顧客とのプロジェクト期間はおおよそ3カ月。開発は同じPCをペアが2つの画面とキーボードで1つのPCを共有するペアプログラミングによって行われ、お互いが今何をしているかわかる仕組みになっている。チームはプロダクトマネージャー（PM）、デザイナー（D）、エンジニア（E）の職種の組み合わせで構成されており、基本的に顧客サイドからPMとDが供給されるケ

ースが多いが、顧客サイドにPMとDがいない場合には、Pivotalがサービスを提供する。プロジェクトにおける進捗状況の共有や意思決定の迅速化のために、広いオープンスペースであることが必要で、チームメンバーの席は横一列に並べられ、課題や問題点についてその場で話し合い、解決できるようになっている。Pivotalは、顧客と共同開発を行なっても知的所有権について一切関与しない。課金体系はタイム・アンド・マテリアルで一括引き受けは行なっていない。Pivotalはあくまで開発者を支援しているコンサルタントであって、請負契約をするシステムインテグレーターではないからだ。

（3）スタートアップの支援

Y Combinator

　2000年のドットコムバブル崩壊を機に、コーポレートベンチャーキャピタルの縮小や淘汰の波が押し寄せ、シリコンバレーは冬の時代に突入した。

　この厳しい時代において、スタンフォード出身のポール・グレアム率いる新興ベンチャーキャピタル「Y Combinator」による"多数のスタートアップ企業に対し、少額の出資とともに育成プログラムを提供する投資手法"によって、シリコンバレーは、新しい息を吹き込まれた感がある。当時の日本経済新聞は「シリコンバレーの新種の投資集団」として、その動向を報じている。「米シリコンバレーで設立から間もないIT（情報技術）企業に少額を投資して経営を支援する「Yコンビネーター」が注目を集めている。今年初めにはこのプログラムから誕生した企業が2億ドル（約160億円）超で買収されるなど成功事例が増えているためだ」（2011年6月23日　日本経済新聞電子版）

　このプログラムは、スタートアップの事業を成長させるための支援を行うもので、資金のほか、人脈の紹介・経営アドバイスやメンタリング・オフィススペースの提供（通常コ・ワーキングスペース）等が提供される。

この投資手法は、"スタートアップ・アクセラレータプログラム"や"シード・アクセラレーター"という新興企業とのマッチングを行う有力な手法として、Y Combinatorに続く企業が世界的に出現し、現在では世界で200以上のプログラムが稼働している。
　提供されるプログラムは各社によって、出資割合の多寡、オフィススペースの有無、専門家が手取り足取り指導するハンズ・オンなどの付帯サービスの条件に差はあるものの、基本コンセプトはスプレー＆プレイ*と揶揄されるが、スタートアップイベント等で投資の母集団を集積し、小口にリスク分散する手法は同じである。

スプレー＆プレイ
散布して祈れ：成功確率が高くないから小口で多種多様な企業に投資して、あとは祈るだけの意

Plug and Play

　シリコンバレーのPlug and Playは、2006年に創業され、今では世界各所に拠点を持つイノベーションプラットフォームで初期のPayPalやDropboxに投資するなどベンチャーキャピタルとしての顔も持つ。
　Y Combinatorとの違いは、同社は不動産賃貸が主となっていることだ。サニーベイルにビルを所有し、地の利を生かして自前ビルのスペースをスタートアップ、大学、自治体、IT企業、金融機関などシリコンバレーに関わりを持ちたいと考えている企業に賃貸し、イベントを開催して情報交換や協業の機会を提供するほか、起業に必要な郵便、事務代行、法務・会計の相談にも専門家が応じる体制を持っている。
　同社はイランからシリコンバレーに移住したサイード・アミディが創業した企業で、設立当初に所有していたスタンフォード大学に近いパロアルト市の小さなオフィスビルにGoogleやPayPalが入居したことがきっかけとなり、PayPalに投資を行った。その後、PayPalがe-Bayに買収されたことで、投資資金を得て、その後、現在地でビジネスを拡張した。Plug & Playのビジネスモデルは、スタートアップに活動スペースを賃貸し、投資や機能を提供するもので、このビジネス手法は、世界的にスタートアップを支援する方法としてロンドンのLevel39やシンガ

ポールのBASHのように政府が不動産事業者とタイアップすることによって、世界中に普及している。

　Plug and Playのビジネスモデルは、かつてターマンがスタンフォードの敷地を産業パークとして研究所を誘致した手法の現代版ともいえる仕組みだ。

各テーマごと、地域ごとに集積しているPlug and Play社内のプレイヤーのブース

7

日本が直面する「今そこにある危機」

" There is one thing stronger than all the armies in the world, and that is an idea whose time has come."

Victor Hugo
French Poet

世界中のどこの国の軍よりも強い軍隊がある。
それは時節を得た思想である。
　　　　　　　　　　　　　ヴィクトル・ユーゴー

（1）切花から植林への処方箋

産業政策を変えた米国

　これまで本書では、シリコンバレーを中心とするデジタル・イノベーションの仕組みが新しいプレイヤーを輩出していること、それが既存産業に対して破壊的な効果を持つことでデジタル自然淘汰につながっていること、その流れが金融業界にも波及する可能性としてウーバー・モーメントが認識され、それに対抗するために銀行がデジタル・トランスフォーメーションと呼ばれる顧客と自行のデジタル化を推進している実態を見てきた。

　デジタル化の流れが顧客の行動を変え、人体やマシーン（IoT）などデジタルの活用範囲がさらに拡大し、それが第4次産業革命とも言われるようになるなかで、世界的に経済システムとしてスタートアップへの注目が集まり、各国がイノベーションシステムの構築に動いている。

　本章では、シリコンバレーが誕生した前後に遡って、イノベーションシステムの意義を確認する。そのうえでイノベーションの成功要因を認識し、特に重視すべき要素にフォーカスして日本における課題の背景を明らかにする。

　1980年代以降、ドイツや日本などの敗戦国経済の立ち直りとキャッチアップによってスタグフレーションに陥っていた米国は、その解決策として、シリコンバレーの成功モデルを評価し、全米各地に移植するCloning Silicon Valley政策＊を進めていた。ほぼ同時期に発生したのが日本との貿易摩擦問題だ。

　摩擦を加速させたのは、日本側の共同研究だった。超LSI技術研究組合は、1976年に日本において設立された4年計画のプロジェクトで　参加企業は、コンピューター総合研究所（富士通、日立製作所、三菱電機）、日電東芝情報システム（NEC、東芝）の2グループ5社。通商産業省の技術総合研究所と日本電信電話公社も協力した。当時半導体技術は米国が先行しており、半導体製造装置もほとんど米国に依存していたなかで、米

Cloning Silicon Valley 政策
シリコンバレーを複製する政策

IBM社が未来のコンピューター開発計画「Future System」を発表し、前年にコンピューターの100％資本自由化が実施されたこともあり、日本のコンピューター産業が存亡の危機にあるという認識を政府と産業界が共有し、資金の40％を当時の通産省が負担した。この組合の活動によって培われた技術を基に各メーカーが製造能力を格段に向上させ、政策は成功だったという評価が定着している。一方で、この組合方式の成功を土台にして、その後日本企業の対米輸出が集中豪雨的に増加したことで米国側は日本の半導体産業の発展の仕組みを徹底的に研究し、「日本メーカーは政府からの援助で米国への輸出を行なっているようなものだ」とする痛烈な批判につながった。

テキサス州オースティンの成功

　米国は、クローニング・シリコンバレーの流れで、1982年に中小企業技術革新開発法に基づき、SBIR（Small Business Innovation Research）を設立し、当該プログラムが初期のイノベーションアイデアが持つ高いリスクに資金を供給する体制を整えた。

　さらに研究コンソーシアムとして1983年にMCC（Microelectronics and Computer Technology Corporation）を設立した。対日対抗策としては1984年に独占禁止法を緩和して"国家共同研究法"を成立させ、1987年には超LSI技術研究組合に対抗するコンソーシアム方式の研究組織SEMATECH（Semiconductor Manufacturing Technology）を設け、次世代半導体の製造技術の確立のためのロードマップと製造技術の開発に着手した。

　SEMATECHは政府・大学・半導体産業で構成され、主に標準規格化が推進された。伝統的に米国では国家的な産業政策を敬遠する傾向が見られる。政府の役割に対する懐疑的な見解と自由競争に関する伝統があるからだ。その面でSEMATECHは画期的なプロジェクトといえる。

　標準化による水平分業によって90年代以降、米国半導体産業は蘇生し、2000年以降は逆に標準化をうまく活用できなか

った日本の半導体産業が競争力を失うことになった。

　MCCの誘致に成功したのはテキサス州オースティンで、その後シリコンバレーに次ぐ全米第2位のハイテク都市となった。対日コンピューター戦略的拠点として構想されたMCC誘致では、テキサス大学オースティン校の学長ジョージ・コズメツキーの活躍で産学官の連携体制構築が功を奏した。成功の裏にはコズメツキーが「大学・地方自治体・民間部門の活発な連携が科学技術イノベーションにより地域経済を活性化させる」の理念のもとで私費を投じて設立したIC^2（以下：ICスクエア）の存在があった。ICスクエアはDo-Tank（シンクタンクthink-tankに対する造語）としてR&Dリサーチに基づき商業化に向けたネットワークを有しており、今ではそれが世界的に拡大している。

　やがてスタグフレーションが全米を覆うなかで、オースティンにおけるイノベーションの中核をなしていたMCCにもリストラが及んだ。しかし、コズメツキーはMCCを補完するスタートアップ支援機能を次々に設立した。ビジネス・インキュベータとして、スタートアップに場所を提供するAustin Technology Incubator（以下ATI）、創業資金を提供するエンジェルネットワークのTexas Capital Network（以下TCN）、人材提供と経営支援を行うAustin Software Council（以下ASC）などだ。

　このスタートアップ支援組織は、同じようにリストラを実施せざるを得なかったIBM等の研究者の受け皿としても機能した。コズメツキーはDellを創業したマイケル・デルのメンターを務めるなどしてスタートアップコミュニティを支えたことが、DellやTivoliのような上場企業を輩出するに至って、オースティンの成功は「グローバル・オースティン・モデル」として研究対象に取り上げられるようになった。

　1970年代まで保守的な街だったオースティンはDellやTivoliの成功でビリオネアが誕生し、起業家の街へと大変貌を遂げた。その結果VC・弁護士・会計士・人材派遣会社等が集積するようになり、「全米で起業しやすい街」の上位に名を連ねる

都市となった。

シリコンバレーとオースティンの共通点

　オースティンの成功をシリコンバレーと比較すると、シリコンバレーが世界大戦、オースティンが日本とのコンピューターの覇権争いという意味は異なるが"戦争という危機"がその契機になっている点、および"シリコンバレーの父"と呼ばれたフレデリック・ターマンと同じように、コミュニティの中心の役割を果たしたジョージ・コズメツキーの活躍という人物の行動力という共通点が見出せる。

　信念を持った人物の活躍という点では、時を遡ればシリコンバレーの原型となったボストンにおいてMIT学長だったカール・コンプトンにいきつく。ボストンはアメリカの産業革命を支えた拠点だったが、自動車産業の発達で斜陽化するニューイングランドにおいて、軍需産業からの発注を背景にMITが母胎となり、史上初のVCであるARD（American Research Development Corp.）の創業に関わり、DECを誕生させている。

　一方、オースティンは、スタートアップを支援する"エコシステム"を充実させたという点で注目される。シリコンバレーでは軍が要件を提示し、ファーストユーザーになることで技術的なリスクと創業リスクをヘッジする仕組みがあったが、オースティンの場合は、SBIRという公的機関によって資金が供給され、省庁が初期的なソフトウエアの実験台となり、ファーストユーザーにもなることでリスクヘッジ機能を担った。

　また、ファイナンス機能についても見るべきものがある。資本市場改革を通じて年金資金を投入するなど資金調達方法を拡大させたことだ。

　このような事例からイノベーションの構想におけるビジョンを持った人間の行動力とイノベーションを支援するエコシステム（ファイナンスを含む）の機能が、重視されるべきということがわかる。なぜなら、現代が求めているのは、単なる一般的な起業支援というよりは、リスクの高い新規ビジネスにおい

て、多数のスタートアップが連続的に活動できる仕組みをどのように作るかということだからである。

これは銀行がオープン・イノベーションを進めるにあたっても重要な示唆になる。

今後、銀行がイノベーションに関与するにあたっては、すでに市場に出回っているフィンテックをそのまま取り入れても、銀行自身が顧客に提供できる付加価値はほとんど変わらない。イノベーションのプロセスにいかに関与し、顧客の課題をデジタル技術で銀行が一緒に解決するような体制を構築できるかにかかっている。とりわけフランチャイズを持つ地域金融機関にとって、テクノロジーを地域振興に結び付けていくビジョンが必要で、その実現には出資や経営支援など銀行の持つイノベーション支援機能の真価やコミットメントが問われることになる。

その点、銀行が地方公共団体と一体となってイノベーション

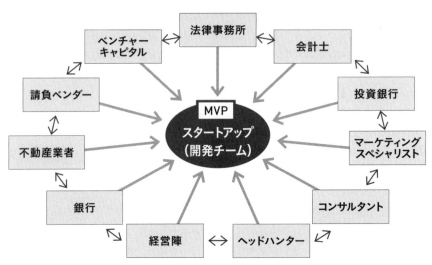

MVP：Minimum Viable Product、必要最低限の機能を持つ製品

によって地域再生を成し遂げるスキームが検討されるべきだ。

Barclays銀行が支援したケンブリッジ現象

　世界銀行の調査資料"Replicating the Cambridge Phenomenon（2014年　Professor W.J.Herriot）"によれば、1978年までケンブリッジ大学は、理・工・医を中心とした研究大学として、基礎から応用に至るまで、幅広い先端研究を積極的に推し進めていたが、住民や研究者が保守的であったためスタートアップがケンブリッジに立地することは殆どなかった。

　1978年にケンブリッジ大学の先端的コンピューター技術を商業化するにあたり、Barclays銀行ケンブリッジ支店長であったマシュー・バロックとスキーム導入に関与した同じくBarclays銀行のウォルター・ヘリオットの努力によって、地元の研究者や技術者を集め地域にその活動を周知すると同時に、コンピューター関連のスタートアップの資金繰り特性を銀行と共有し、当座貸越制度の利用によって成長資金をファイナンスする仕組み（equity through overdraft）を整備した。

　その動きはジャック・ラングによるコミュニティクラブ（Cambridge Computer Club）の創設やアドバイスを提供するネットワークにつながり、それが基礎となって、大学VC、支援ネットワークの整備につながった。こうした一連の動きは"ケンブリッジ現象"と呼ばれており、シリコンバレーには及ばないものの、欧州におけるスタートアップ育成モデルとなったことは間違いない。今の世の中なら社会起業家（ソーシャル・アントレプレナー）と呼ばれてしかるべきマシュー・バロックとウォルター・ヘリオットの業績だ。活動開始後10年でVC等が進出し、地域が十分活性化したと判断してBarclays銀行は支援者のポジションを降りることになるのだが、Barclays銀行は、2016年になって"イーグル・ラボ"と呼ばれるスタートアップとの協業スペースをケンブリッジの地に再びオープンさせている。

シリコンバレーの優位性を築いたエコシステム

　シリコンバレーの発展を東部のルート128沿線（ボストン）

の大企業と比較したアナリー・サクセニアンの研究『現代の二都物語―なぜシリコンバレーは復活し、ボストン・ルート128は沈んだか』(2009年　日経BP社)では、シリコンバレーの優位性を次のように評価している。

「内向きの指向や垂直統合のため、高度な地元インフラの発達も限られてしまい、その大企業がだめになると地域全体も道連れになってしまう。半導体の場合、そしてまたコンピューターの場合には、シリコンバレーのネットワークに基づくシステムは実験と学習の分散プロセスを支持して、それがうまい適応につながった。だがルート128の大企業に基づくシステムは、メーカーが外部ノウハウや情報から孤立していたために制約を受けた」。

サクセニアンの論考は、70年代からのミニコンの社会においてDECやWANGなどのルート128の企業がシリコンバレーをリードしてきたが、80～90年代になって技術革新が進むにつれシリコンバレーに競争優位を奪われたことを記述している。

ボストンの伝統的な大企業は垂直統合型のモデルで自社技術にこだわり、転職も良しとしない日本や欧州型の社会秩序を持っていた。しかし、シリコンバレーはオープンな水平分業によって地域内の人材流動性が高く、西海岸というアジアに開いた特性もあって人種の流動性による、イノベーションのエコシステムの完成度が高いことが強みだった。

地域がスタートアップと起業リスクを共有する

University of California Davis校でシリコンバレーのエコシステムについて研究しているマーチン・ケニー教授によれば[*]、スタートアップがイノベーションによって新しい製品を生み出すマーケットを"1つ目の経済"とすると、スタートアップ自体に資金を供与し、各種のサービスを提供する支援組織を"2つ目の経済"と定義できる。シリコンバレーのエコシステムは、この二重の経済構造でできており、スタートアップを取り巻く支援組織がスタートアップが成長することによる1つ目の

Martin Kenney 2000 Understanding Silicon Valley: Anatomy of an Entrepreneurial Region Stanford University Press

市場からのキャピタルゲインで賄われており、スタートアップ自体が急速な成長を遂げることを後押しする存在となっていることを説明している。つまり、VCも含めてスタートアップに必要な経営陣の派遣や法務・財務会計サービスの対価は、VCが一旦立て替える形で出世払い形式の成功報酬をエコシステムを構成する全員が受け入れているのである（つまり、プロフィットシェアといえる）。

こうしたエコシステムを構成しているのは、VCのほか、弁護士事務所、会計士、投資銀行、マーケティング専門家、コンサルタント、人材派遣会社、ベンチャー企業の経営経験がある元経営者、銀行、不動産会社、製品開発を手伝う製造業者などだ。

ニュージャージー州の失敗

シリコンバレーを創った男、フレデリック・ターマンは、スタンフォード退職後、ニュージャージー州から請われて同州に第二のシリコンバレーを作るプロジェクトに参加した。

ニュージャージーにはベル研究所がありRCAやESSO等の研究機関も存在し、研究者の人数自体もカリフォルニアに見劣りせず、ワシントンとも近く国家予算を押さえることも難しくなかった。企業が情報開示に積極的ではなくエコシステムが完成しなかったためにプロジェクトは徒労に終わった。近くにスタンフォードのような、企業を含めたオープンなエコシステムを形成し情報共有によって知識と人脈が作るコアの研究機関がなかったからだ。それほどにターマンがスタンフォードを中心に学部・企業・エンジニアを交えて構築したエコシステムが秀でていたのである。さらにターマンはダラスでも同じようなプロジェクトを行って失敗している。

現代のシリコンバレーは米国内にとどまらず日本、中国、インドなどのアジアや世界各国にオープンで、有能な人材を惹きつけている。実際、最近活躍しているイーロン・マスク（南アフリカ出身）、ピーター・ティール（ドイツ出身）にせよ、スタンフォードに在学経験を持つが米国生まれではない。

筆者は、スタンフォードが作り出した公式、非公式のネットワークが成功体験や失敗の共有を行う知識共有のエコシステムとなり、あたかも現代のFacebookやLinkedInのような役割を果たしたことがシリコンバレーの成功要因ではないかと考えている。
　スタンフォードという公式ネットワーク上に、ナレッジや経験を紡ぐのは個人で、信頼できる個人同士の非公式ネットワークがあれば、転職後に新しい会社になじむのも容易だ。つまり"株式会社シリコンバレー"に就職した感覚だ。たしかにカリフォルニア州の雇用契約で"退職後競合先企業に転職しない"とする競合条項が他州と比較してゆるいとされている。

デジタル・イノベーションを成功させる3つの要因

　これまで見てきたことから、デジタル・イノベーションの成功要因としては以下の3つが導き出せる。

要因A：イノベーションの構想
①イノベーションの思想
　イノベーションを尊重し、促進するような思想的・倫理的背景の存在
②イノベーションのビジョン
　イノベーションの契機となる危機感や問題意識を共有し、未来構想や科学的な法則として提言、国家戦略の策定や転換を進めるビジョナリーの存在

要因B：イノベーションの実現
③イノベーションの計画
　イノベーション実現のための中核機関（大学）の活用、スタートアップ集積、研究施設の誘致や集積
④イノベーションの実行
　イノベーションの実行における技術の民営化、実証実験を行なう場

要因C：イノベーションの支援
⑤イノベーションのファイナンス
　起業家向けのファイナンス機能　当座貸越、VC、アクセラレーター、資本市場
⑥イノベーションのエコシステム
　起業家を支援するエコシステムによる公式、非公式のコミュニケーションと支援活動、人材の供給、外部との交流やノウハウの提供

　そのうちA：イノベーションの構想、C：イノベーションの支援の要因が現代の日本においてデジタル・イノベーションを成功させるために必要ではないか。とりわけ、SONYのFeliCaやdocomoの携帯などのイノベーションがガラパゴス化し、世界的なイノベーションにつなげられなかった反省点を踏まえると、エコシステムを日本にとって経済的にも人的にも関係が深いASEAN等を含めた地域で形成する必要性を強調したい。以降では、イノベーションの構想（A）と、支援（C）について日本の課題と背景を検討していこう。

日本の課題：イノベーションの構想
　京都大学教授の林晋の回顧録「あるソフトウエア工学者の失敗」は、次のように述べている。
　「日本社会という安定・安穏に寄りかかりたいという傾向を強く持つ社会が、現代の様に満ち足りた状態に置かれていれば、新しいものを拒否しようとするのは当然である。
　これに対して、パロアルトが象徴するアメリカのある部分は如何に豊かであろうとも、常にイノベーション・革新を求めて先に先にと進もうとする。よしんば、世界中の富の大半を手中に収めていても、もし富をさらに拡大できるのなら前に進む。前に進むこと、努力すること、変わることが善だ。今可能なのにそれをしないことは、怠慢であり悪だ、そういう彼らの倫理観・道徳観がそうさせるのであり、金銭欲がそうさせるのではない。

日本のITの問題は、実は技術の問題ではなく、文化・社会の問題だったのである」。

　林晋のいうパロアルトが象徴するアメリカのある部分の背景にはどのような思想があるのか。林の論文が掲載されている『イノベーション政策の科学：SBIRの評価と未来産業の創造』（2015年　東京大学出版会）によれば、シリコンバレーの思想的背景には、ジョン・スチュワート・ミルの「たとえ間違っている言説であっても真理を求める社会にとっては、それが発表された方が有益である」という考えが背景にあると指摘している。

　ジョン・スチュワート・ミルは、19世紀の英国の哲学者で、主著に『自由論』がある。

　ミルの自由論が公刊された1859年までに国王は憲法によってその行動を規制された状況が実現していた。しかしミルは、「権力を行使する"人民"は、権力を行使される"人民"と、必ずしも同じではない」として、むしろ人民の間、多数者の権力濫用によって、社会的な抑圧が高まっていることを示している。ミルはそれに対して、「社会全体としての幸福が実現されるために、個人としての自由は、他者の自由を損なわない限りにおいて、尊重されねばならない」という原則を提示した。

　さらに、「人が良いと思う生き方をほかの人に強制するよりも、それぞれの好きな生き方を互いに認め合うほうが、人類にとって、はるかに有益なのである」として、

　「一人の人間を除いて、全人類が同じ意見で、一人だけ意見がみんなと異なるとき、その一人を黙らせることは、一人の権力者が力ずくで全体を黙らせるのと同じくらい不当である」と主張し、意見の多様性を前提として、「どんなに正しい意見でも、十分に、たびたび、そして大胆に議論されることがないならば、人はそれを生きた真理としてではなく、死んだドグマとして抱いているにすぎない」「『誰もしないこと』をすると、あるいは『誰もがすること』をしないと、人は非難される」「自分の頭で考えず、世間に合わせているだけの人の正しい意見よ

りも、ちゃんと研究し準備して、自分の頭で考え抜いた人の間違った意見のほうが、真理への貢献度は大きい」として少数意見を踏まえた議論の重要性を説いている。

そして、「人類の幸福度は、反論の余地のない段階に適した真理の数と重さによって測られる」と結論付けている。ミルの原則をもとにすると、人類の発展には絶えず議論をすることによる「真理」の数と積み重ねが必要であると考えられる。

しかしながら、日常的に接する会議や意思決定の場において、既得権益や暗黙のルールが前提となって、本質的な議論が行われないことことが、真理の積み重ね（＝成長の源泉）に至っていないことを痛感している。

筆者は、シリコンバレーが真理を求める欲求は、建国の父として知られるアブラハム・リンカーンが常々語っていたという"The bestway to predict future is to create it（未来を予測する最も的確な方法は自ら創造することだ）"に表現されていると考えている。つまり、国の成長の源泉は、国民が自らの頭で真理を探究する活動によって実現する、すなわち自ら創造することから始まるという思想だ。これがアメリカの独立以来、脈々と引き継がれてきたのである。

日本においても、ミルが示した「社会全体としての幸福が実現されるために、個人としての自由は、他者の自由を損なわない限りにおいて、尊重されねばならない」という原則が取り入れられている。日本国憲法第13条"基本的人権の尊重"は「すべて国民は、個人として尊重される。生命、自由及び幸福追求に対する国民の権利については、公共の福祉に反しない限り、立法その他の国政の上で、最大の尊重を必要とする」は、ミルの考えとほぼ同義であり、国民の権利および義務のひとつとして日本人にあまねく共有されている。とはいえミルの思想が日本国憲法に反映されたのは、憲法の出自がGHQの起草によるものだからで、その思想がわれわれの日常の議論にまで浸透しているかについては、懐疑的にならざるを得ない。

実際、日本の大企業の意思決定の議論は、多くの場合事前に

根回しが行われ当日の会議は合意形成のための形式的な質問の場となる。そこで本質的な意見をすると「空気が読めない」ことになる。実際は、中間管理職が方針を作り、役員会は合議によってそれを事後承認する。その際に社長は最高裁の判事のような役割をする。しかし検討過程で"忖度（上司の心中を推し測ること）"が入り込むため、大事な現場の声や担当者が理解できない事実は議論に反映されず、全体の意思決定をミスリードする可能性が残る。

最近ベルリンでの国際会議に出席した際、冒頭で進行役が"この会議はチャタム・ハウス・ルール"に則って進行されることを宣言をした。チャタム・ハウス・ルールとは英国王立国際問題研究所（所在地をとってチャタムハウスと呼ばれる）が採用した議論のルールで、参加者はその会議で得られた情報を利用できるが、情報の発言者やその他の参加者の身元および所属に関して秘匿する義務を負うというルールである。

チャタム・ハウス・ルールの適用によって、参加者は所属する組織への配慮や、発言が公表された際の自分への影響を考慮せず自由に発言でき、ナイーブな問題や政治的な話題であっても闊達な議論ができる。実際にその会議では、欧米の中央銀行や決済標準化団体などから、現状に関する強い危機認識が披露され、日本なら地元や自社、自部門を擁護する発言に終始しがちな議論が、建設的な内容となって繰り広げられた。誰もが健全な危機感を持ち、厳しい現実を共有していることを前提として議論を行うことで、真理を探究する「場」が現実的に存在しているのだ。

なぜ、われわれ日本人は基本的な人権を尊重し、ミルの言うような真理を目指した建設的な議論ができずにいるのか。筆者は、その原因について明治時代のお雇い外人ベルツが鋭い指摘を投げかけていると考えている。

ベルツの日本批判

ドイツ人のエルウィン・ベルツは明治期のいわゆるお雇い外

国人のひとりだ。お雇い外国人とは、日本を急速に近代化させる過程で西欧の先進技術や知識を取り入れるために産・官・学の各分野で合計3000人弱が雇用され、後世に多大な影響を残した。

ベルツは東大医学部の教師として招かれ、29年間にわたり日本の医学界の発展に貢献した。日本人妻を娶る大の親日家であったが、西洋文明輸入に関する日本人の態度には、シーボルトとともに批判的な立場であった。

次の引用は、ベルツの日本在留25周年を祝う記念祝典における彼の演説である。本来、科学は自然を探求し世界の謎を解くことを目標に向かって営まれるはずだが、日本では科学のもたらす成果や利益にのみ主眼が置かれているのではないかと指摘し、そのことを理解することが、日本の学問の将来には必ず必要だと結んでいる（引用元は『ベルツの日記』 岩波文庫　上巻）

「わたしの見るところでは、西洋の科学起源と本質に関して日本では、しばしば間違った見解が行われているように思われるのであります。人々はこの科学を、年にこれだけの仕事をする機械であり、どこか他の場所へたやすく運んで、そこで仕事をさすことのできる機械であると考えています。

これは誤りです。西洋の科学の世界は決して機械ではなく、一つの有機体でありまして、その成長には他のすべての有機体と同様に一定の気候、一定の大気が必要なのであります。しかしながら、地球の大気が無限の時間の結果であるように、西洋の精神的大気もまた、自然の探求、世界のなぞの究明を目指して幾多の傑出した人々が数千年にわたって努力した結果であります。（中略）

西洋各国は諸君に教師を送ったのでありますが、これらの教師は熱心にこの精神を日本に植えつけ、これを日本国民自身のものたらしめようとしたのであります。しかし、かれらの使命はしばしば誤解されました。もともとかれらは科学の樹を育て

る人たるべきであり、またそうなろうと思っていたのに、かれらは科学の果実を切り売りする人として取扱われたのでした。

　かれらは種をまき、その種から日本で科学の樹がひとりでに生えて大きくなれるようにしようとしたのであって、その樹たるや、正しく育てられた場合、絶えず新しい、しかもますます美しい実を結ぶものであるにもかかわらず、日本では今の科学の「成果」のみをかれらから受取ろうとしたのであります。この最新の成果をかれらから引継ぐだけで満足し、この成果をもたらした精神を学ぼうとはしないのです」。

切花から植林へ

　筆者は、ベルツの批判が、現代においても当てはまると考えている。

　ベルツの言う「科学の成果のみを受け取ろうとし、その成果をもたらした精神を学ばない態度」は、すなわち、ミルのいう「社会を成長させる"真実"の積み重ね」ができていないということと同義であり、いくらイノベーションに関わったとしてもこれまでのキャッチアップ型のやり方を引きずっている限り、日本社会を停滞から回復させる起爆剤にはならない可能性があるという点だ。

　そして、真実を探求するために必要な議論ができない風土もまた、ベルツの指摘どおりだ。なぜなら日本国憲法ですらGHQから授かった切花であって、日本国民が血と汗を流して自ら勝ち取った権利とは考えにくいからだ。

　日本では金融危機後、生き残りのために極限までコストを下げる必要があり外来の制度や仕組みの成果部分だけを日本に導入する「竹に木を接ぐ」傾向が強まった。その結果、新制度導入によって一時的に成果は上がるが、制度の順調な発展による社会改革にはつながらないか、制度自体が時代に合わなくなっている。

　筆者は97年以降、米国会計事務所において日本側責任者として関与してきたから、現場感覚としてその状況を強く実感し

ている。

　例えば、米国流の限定列挙を受け継ぎ、最近のプリンシプル・ベースのルールと平仄が合わなくなり、今年になってようやく廃止された金融庁の"金融検査マニュアル"。

　その考え方の土台になったのはFRB（米国連邦準備銀行）が制定した"Trading Manual"だった。当時は、木村剛が金融監督庁の金融検査マニュアル検討会委員となり、竹中平蔵・金融担当大臣と専用チームによって作り上げたものだ。その他に日本版確定拠出年金制度の元になった"米国401k年金制度"や、エンロン事件を背景に導入された日本版SO法（サーバンス・オックスレー法）などがある。特に2001年に導入された確定拠出年金制度（日本版401k）では、筆者自身が安倍晋三議員に何度かレクチャーを行った。

　その際、米国ERISA法*、フィデューシャリー・デューティ*やプルーデントマン・ルール*が年金制度と表裏一体の関係を構成し、資産運用業を成り立たせていることを説明したのだが、結果的には確定拠出年金制度だけが導入されることになった。

抵抗勢力としてのフローズン・ミドル

　米国では、イノベーションを進めようとしたときに組織内で抵抗勢力となる、主にイノベーションによって職種転換などが必要になる人のことをフローズン・ミドルという。米国ではCEOが強い権限を持っているから、抵抗勢力が存在することは意外に思われるかもしれない。しかし、現場に責任を持っている者の考え方を変えるのは洋の東西を問わず大変なことなのだ。

　日本でも、ミドルがフリーズして思考停止に陥る場面に幾度となく遭遇する。米国と比べると若干ニュアンスが異なるのは、本人は抵抗しているつもりがないことだ。

　イノベーションの必要性は頭では理解していても、染み付いた思考方法や判断基準、予定調和の議論、レガシーな社内手続きが邪魔して行動がちぐはぐなのだ。イノベーションが求める

米国ERISA法
米国で1974年に制定された企業年金制度、福利厚生制度の設計や運営を統一的に規定する連邦法。Employee Retirement Income Security Act（従業員退職所得保障法）

フィデューシャリー・デューティ
受託者責任：資産運用を受託した企業が、資産運用委託者に対して負う責任のことで、資産運用会社など金融機関は、委託者の利益を最大化することが義務であり、利益相反する行動を取ってはならないということ

プルーデントマン・ルール
プルーデントマンとは思慮分別のある者の意味で、企業年金の運用関係者が遵守すべき行動基準のことを指す。資産運用に携わる者は、専門家としての知見や能力をもとに、思慮深い投資行動を取らなければならないというもの

スピード感、失敗を積み重ねて成功につなげるリスクテイク、創造性の発揮などの前提条件と、社内に存在している意思決定の枠組みが対立軸を構成してしまい、前例を踏襲するとアンチ・イノベーションになってしまうのだ。

　例えば、ある構想のための実証実験を、トライ＆エラーで進めるアジャイル方式で進める提案をする。すべての開発要件が事前に決まっていることが前提であるウォーターフォール方式に馴染んでいるフローズン・ミドルは、事前に決まっていないものには対価は払えないと考える。変化の激しい時代だから、それでも前に進めるためにリスクを最小限にしたいからアジャイルなのだと説明しても、大概の場合受け入れられない。これではイノベーションは興せない。

　海外ですでに普及している新しい制度を日本に導入する検討を始めたとき、海外の事務処理プロセスについて詳細な調査を依頼されたことがある。今の日本の処理方式と比べてどのような相違があるかを検討したいからなのだという。
　しかしその調査依頼には、日本がどのような制度を作ろうとしているかの思想や背景は一切触れられず、パッケージシステムを導入する際の工程であるフィット＆ギャップ*項目が羅列されているだけだった。確かにこの方法は一番楽で考えなくて済む方法だ。しかし、日本の仕組みとするための制度運用や周辺の仕組みや利用者の使い勝手等との関係に心配りや工夫がされていないため、導入後の発展性にはどうしても限界が生じる。結局のところ、独自コンテクスト（思想や背景）を含まない仕組みの"日本版〇〇"という新しい制度の導入は、"切花"にしかならない。大概のものは結実することなく枯れてしまう。成功しない根本的な理由はこれだ。

　日本は、今後もきれいな花を咲かせている切花を買い続けるような真似を続けるのか。それとも時間がかかる植林を選ぶか。
　明治時代、列強のアジア進出で日本が侵略の危機に直面して

フィット＆ギャップ
パッケージシステムを導入する際に行う事前調査作業で、パッケージが持つ機能がユーザーの既存業務における「フィット（適合する部分）」とギャップ（乖離している部分）を洗い出す作業のこと

いた時、時間稼ぎのための切花は意味があった。しかし、日露戦争での勝利を経て切花作戦は「このまま行こう！」と正当化されてしまった。当時の世相は、司馬遼太郎の小説『坂の上の雲』のあとがきに詳しいが、松山市の「坂の上の雲ミュージアム」に、その一節が大きく掲示された一角がある。

「要するにロシアはみずから敗けたところが多く、日本はそのすぐれた計画性と敵軍のそのような事情のためにきわどい勝利を拾い続けたというのが、日露戦争であろう。戦後の日本は、この冷徹な相対関係を国民に教えようとせず、国民もそれを知ろうともしなかった。むしろ勝利を絶対化し、日本軍の神秘的強さを信仰するようになり、その部分において、民族的に痴呆化した。日露戦争を境として日本人の国民的理性が大きく後退して狂躁の昭和期に入る」。

デジタル・エコノミーが拡大するなかで、キャッチアップを目的にした切花作戦には致命的な欠陥があると考えている。

日本の課題：イノベーションの支援

ある日、忽然と競合が現れて市場を別の形で作り直してしまう。既存市場が奪われるだけでなく、これまで銀行にとって競争の源泉になっていたITシステムや店舗などの資産が不良資産化するリスクを抱えることになる。

日本社会の習い性になっている切花作戦は時間稼ぎにしかならず、破壊的なイノベーションには解を持っていない。破壊的なイノベーションへの対応には、自らが地域とともにイノベーションを興し、その技術をもとにステークホルダーを含めた銀行ビジネス全体をデジタルビジネス化することで初めて対抗できるのだ。

切花が問題なのは、切花が枯れるという初期段階のリスクだけなく、植林されないから山（産業）は禿山のままで、土地（産業の裾野）は痩せ、川は養分を海（産業）に運べないから、周辺産業（イノベーション）が育たず、生態系が劣化する。はっ

きり言えば、頭を使わないから判断ができなくなる。

　この過程を辿ると、テクノロジーの影響には鈍感だが、足元の利益には敏感で、"光物（ぴかぴかしていて一見素敵なもの）"に弱くなってしまう。例えば便利で無料だからといって新しいサービスに手を出すと、顧客のデータを根こそぎ持っていかれるような話を見抜けなくなる。往々にして破壊的なサービスは揉み手しながら、忍び寄ってくるものだ。

　2013年の金融庁主宰の「新規・成長企業へのリスクマネーの供給のあり方等に関するワーキング・グループ」において、海外のイノベーションシステムに関する研究を行っている慶應義塾大学教授の川本明は、日本のエコシステムの現状について大学、企業、VC、スタートアップの担い手がそれぞれの利害関係の中で煮え切らない状況に陥っている"多重的不完全燃焼症候群"と評した。確かにそれぞれの関係者が異なる業界の異なる利害関係の中にいることでエコシステムを完備することは容易ではないと推察されるが、日本は今、イノベーションを支援するエコシステムが必要な時代を迎えている。

　オープン・イノベーションがもてはやされるようになって久しいが、切花の文脈から考えると不安を感じざるを得ないのは、自分の頭で考えるべきことまでスタートアップに転嫁しているような気がしてならないからだ。目指すべきは、銀行ビジネスをデジタルなビジネスモデルに進化させることであって、フィンテックという切花で飾り立てることではない。ましてや、それを制度対応として受け入れることでは決してない。あくまでフィンテック・スタートアップ企業の着想、マインド、開発プロセス、テストプロセスを学び、銀行経営の判断の中に取り込んで、デジタルな時代に経営スタイルや企業文化を適合させる"植林＝イノベーションへの関与"を行なわねばならないのだ。

　成功している諸外国では、イノベーションシステムの前提事項となる思想的背景があり関係者の間で問題意識が共有されて解決するエコシステムが存在しているから、オープン・イノベ

ーションが有効となる。日本がこのまま、コンセプトやエコシステムなくオープン・イノベーションを進めると、切花作戦を助長することにもなりかねない。

　現在、銀行は確かにデジタル技術を使って顧客中心の"フリクションレス（摩擦なく迅速に取引が進むこと）"なデジタルビジネスの構築を進めようとしている。しかし長期間に亘って形作られた内部カルチャーは、デジタル環境に適合しないゆっくりしたスピード感によって、意思決定の遅れや組織内の摩擦を引き起こしているのだ。デジタルで顧客とのよい関係を作ると同時に企業カルチャーも革新しないと、新しい世代の従業員から見放されてしまうだろう。

　デジタル化を日本としてどのように受け入れていくのか。それはテクノロジーの問題でもなく、ビジネスモデルの問題でもなく、われわれ個々人の心の持ち方や行動規範、翻ってカルチャーの問題が大きい。それは簡単なことでは変わらない。イノベーションは制度対応ではなく、生き残りをかけた選択だと肝に銘じる必要がある。

（2）日本のウーバー・モーメントを乗り越える

ASEANが発するSOS

　ASEAN傘下の、日本で言うところの日本経団連のような組織が主催した"ASEANのデジタル・イノベーションに対し日本がどのように貢献できるか"という会合に参加していた時のことである。インドネシア代表から「日本企業は、勤勉でコミットメントが高く、その技術は確かなものがある。しかしASEANが、「デジタル・エコノミー」という広大なコンセプトの実現を進めているなかで、日本は技術供与しかしない。しかも日本自身、中国、韓国、インドに比べると新技術導入に非常に時間がかかっている。早期にASEAN域内において具体的な活動をしてほしい。さもないと、中国、韓国にその立場を奪われることになる」と求められた。

シンガポール代表からは、「日本がASEANに対して影響力を行使したいのならスタートアップ育成に取り組み、事業化段階からインキュベーションやアクセラレーターなどの育成環境を提供して、ASEANのSMEを育てることに貢献すべきだ。この取組みは、すぐにでも着手してほしい。なぜなら中国はすでに始めているからだ。Alibabaの取組みは大成功しているし、Huaweiも同様だ。日本企業による同じような取組みは、聞いたこともない」。

　会議終了後、元Malaysia Airlines CEOの経験を持つマレーシア代表が筆者にこう打ち明けた。「各国があれだけ日本を急かすのは、物乞いなどではない。友人としてのアドバイスであり、本当のところ中国の脅威のせいなのだ」。「AlibabaはASEANでeコマーストップ企業の買収を進めているほかクラウド事業（阿里雲）を拡大している。Alibabaが各国に浸透して、ユーザーのデータを吸い上げるようになったら、われわれの事業は死んだも同然だ。Alibabaは日本にも進出しているし、ASEANと日本が協調することに意義があるのだ」。
　このマレーシア代表は、LSE（London School of Economics）で教授を務めている関係から、デーヴィッド・キャメロン（当時の英国首相）にダウニング街10番地（英国首相官邸）に招かれたという。ちょうど習近平がジャック・マーを帯同した会見が終わった時だった。「それほど近い関係にあるのだ」と彼は言う。英国政府はジャック・マーを経済アドバイザーとして任命したほか、マレーシア政府もデジタルアドバイザーに起用している。「Alibabaの情報はすべて中国政府につながっている。ASEANはそれを阻止したいのだが、日本は自分の国もそうなる可能性があることを気がついてくれない」。
　日本は、このASEANからの声に耳を傾けるべきだと強く認識した。

Alibabaの脅威
　Alibabaは2016年になってASEAN域内での活動を活発化さ

せている。

　まず、2016年5月"アジアのAmazon"といわれるeコマース企業Lazadaの買収だ。Lazadaは、ドイツのロケットインターネット社が経営する電子商取引サイトで、シンガポールを拠点に洋服から家電までを取り揃えタイ、インドネシア、マレーシア、フィリピン、ベトナムで一定の市場規模を獲得した事業者で、Alibabaは同社に対し総額10億ドルの出資により支配権を確立した。その後Lazadaの電子的支払い手段だったhelloPayをAlipayと統合することを発表している。また、同年11月にはAlibaba傘下の金融子会社Ant Financialが、タイ財閥CPグループ傘下の携帯電話会社True Corporationの関係会社で、電子マネーや金融事業を行うAscendに対し出資を決めている。

　それ以外にもAlibabaグループは、2015年にインドのPaytmに出資、2017年1月には米国送金事業者大手で世界200カ国に35万カ所以上の出先を持つMoneyGramを8.8億ドルで買収、翌月には韓国のKakaoPayにも2億ドルの出資を決めており、世界各地における地歩を矢継ぎ早に固めている。Alibabaグループのオンライン決済手段であるAlipayは、すでに日本でサービスを開始しているが、2018年には本格進出する予定だ。近いうちに日本の決済市場も手数料値下げの脅威に晒されそうだ。国単位で通貨の移動を担う決済ネットワークと違って、インターネットは国境をやすやすと越えるからAlibabaの脅威は中国銀聯を確実に上回る。

　筆者自身のAPN（Asian Payment Network：アジア太平洋11カ国の決済事業者によるリテール決済標準化活動）における経験を振り返ると、中国の脅威に直面するのはこれが初めてではない。中国はアジアやアフリカの多くの新興国に対し、技術提供を超えて決済システム自体を無償で供与するほか、あの手この手で常に2／3の多数決を必要とするコンソーシアムでの得票を狙って自国優位の意見形成活動を行っている。システム改修等を通じて中国への依存度を増やすことが長い目で見た自国の利益につながるからだ。

韓国でさえ、東欧やアジア新興国に対して中央銀行と一体となって決済システムの導入を支援し、着実にASEAN域内での決済ビジネスの自国プレゼンス向上を進めている。

真の脅威と国難

われわれが今一度考えねばならないことは、一体誰が日本にとっての真の脅威で、これから日本に何が起ころうとしているかということだ。

Alibabaに先行するシリコンバレーでは、CPUの性能18カ月ごとに2倍となり価格が下落する「ムーアの法則」をもとに、それがコンピューターを使う全産業に波及して科学が驚異的に進歩するシンギュラリティに達する流れが強く意識されている。

この大きな潮流をもとに、デジタル界のFour Horsemen＊と呼ばれるGoogle、Amazon、Facebook、Appleは、デジタル技術の適用範囲を拡大しようと投資活動を活発化させている。

ここ数年の主な買収案件を挙げてみると、Googleは、YouTube（動画共有サービス）、DoubleClick（ネット広告の配信インフラ企業）、Android（アンディ・ルービンが創業した携帯電話のOS開発企業）とNest（スマートホーム関連企業）を買収。Facebookは、Instagram（写真や動画の共有サービス）、WhatsApp（インスタントメッセージアプリ）とOculus（バーチャルリアルティ製品の企業）。Amazonは、Audible（オーディオエンターテイメント企業）、Zappos.com（靴のネット販売）とTwitch（ライブ・ストリーミング配信企業）を買収している。AppleはSiri（自然言語処理を行う秘書機能アプリ）を買収している。買収された各企業は、4人の騎士がそれぞれ所有するプラットフォーム（検索エンジン、電子商取引、SNS、モバイル）にそれぞれ組み込まれて、新しいサービスや新しい顧客接点となり、寡占的な企業としての影響力がますます強化される構造で、被買収企業にとっても彼らに買収されることが起業後のEXIT（出口）のひとつと認識される好循環が形成されている。

Four Horsemen
4人の騎士：ヨハネの黙示録に登場する馬に乗った騎士4人のことで、それぞれが、地上の4分の1の支配と地上の人間を殺す権威を与えられているとされる

ニューヨーク大学マーケティング教授のスコット・ギャロウェイは、4人の騎士の時価総額にAlibabaを足すとロシアのGDPに等しくなると、その影響力の大きさに警鐘を鳴らす。

Alibaba創業者のジャック・マーは、最近のスピーチで"Alibaba経済圏は2035年には世界で5番目の経済規模となるだろう"と宣言している。それぞれが積極的な拡大策を採用することによって、実物資産を持つ企業が10年や20年かけてグローバル化するのと対照的に、たった数年でグローバルネットワークの構築に成功しているのである。

データ錬金術

各社の投資を回収する戦略が元ワイアードマガジン編集長のクリス・アンダーセンが唱えた「フリーミアム・モデル」だ。SNSや検索エンジンなどの無料サービスを消費者に提供することで普及を拡大し、広告モデルによって広告主から手数料を徴収してビジネスを成立させる。

GoogleやFacebookは、無料をインセンティブに、大量で良質な個人情報を収集し、マシーン・ラーニング*によって消費者の趣向に応じたマーケティングを行っている。スマートフォンやIoTの普及によってデータが大量に生産され、収集と集積が技術的にも経済的にも容易になり、それをAIに大量のデータを与えて分析させる。AIはデータ量が多ければ多いほど学習量が増えて成長するから、大量のデータを保有することが勝因になる。これによって、無料サービスを広範な分野・階層に普及させて、個人情報を確保しようとする世界的なデータ獲得競争に拍車がかかっている。

今後データ獲得の範囲は、データを生成する媒体の拡大によって個人の買い物情報を超えて、位置情報、健康データに拡大する。IoTが普及すれば各種センサーによってマシーン、生体情報、土壌、その他現実に存在するありとあらゆるモノに関する極めて多様なデータがリアルタイム処理されて商品開発、マーケティング、経営効率化、省エネルギー等に再利用される。

マシーン・ラーニング
機械学習：センサーやデータベースなどから、相当数のサンプルデータ集合を抜き出して解析を行い、有用な規則、ルール、知識表現や判断基準などを抽出し、アルゴリズムを発展させる手法

こうして物理的な資産は持たずとも有用なデータが蓄積されて分析されるプラットフォームの仕組みによって、周辺産業に新規参入するビジネスモデルを構築するための情報が獲得され、時にはそれが破壊的なビジネスモデルとなることもある。データの持つこのような特性によって、今後も新規ビジネスが不断に生み出され、業態の垣根はますます下がることになる。

　ユニクロ会長兼社長の柳井正は2016年10月に日経ビジネスオンラインのインタビューに答えて、次のように語っている。「情報化が進み、まず国境の差がなくなりました。それから業界の差がなくなった。いまや世界中に飛び交うニュースをインターネットで得て、それを人工知能で全て分析できるという時代です。その胴元が米アマゾン・ドット・コムや米グーグル。服は情報そのものなので、彼らはファッション業界に入ってきています。必ず次のメインプレーヤーになりますし、近い将来、大きな競争相手になるでしょう」

　一方、こうして収集されるデータのなかでも、未来の活動予測につながるデータはより付加価値が高く、金融機関が扱う決済情報のように結果を表すデータは、利用価値が低い。
　流通や小売業者の視点では、買い物から決済までを一連のサービスとして提供し、価値の低いデータである決済を無料にしてでも、品揃えや商品企画につながる将来予測データを手に入れたいとするモデルは、銀行にとって破壊的なビジネスモデルになる。
　こうした破壊者の登場によって、銀行の決済手数料は限りなくゼロに近づかざるを得ないのだ。
　ITアドバイザリ企業のGartnerは、2016年11月にGartner Predicts 2017を発表し、加速するデジタル改革について洞察を提示した。その中で次のように述べている。「2021年までに、個人が携わる全活動の20%に、デジタルの巨大企業トップ7社のうち、少なくとも1社が関与するようになる。
　売り上げおよび時価総額に基づく現在のデジタル大手企業ト

ップ7社は、Google、Apple、Facebook、Amazon、Baidu、Alibaba、Tencentです。物理的な世界や金融、医療の世界がよりデジタル化するのに伴い、個人が行なう活動の多くが、これらの巨大企業と何らかの「つながり」を持ったものになるでしょう。このようなコンバージェンス（収束）は、あらゆる活動にデジタルの巨大企業のいずれか1社が含まれる可能性があることを意味します。モバイル・アプリ、決済、スマート・エージェント（Amazon Alexaなど）、デジタル・エコシステム（Apple HomeKit、WeChat Utility、City Servicesなど）によって、デジタルの巨大企業は、私たちが行なう活動の大部分でその一翼を担うことになるでしょう」。

　とはいえ、金融事業自体は他産業と比べてリターンが低いから、4人の騎士たちやAlibabaが本格的に金融業に直接参入するよりも、彼らが開発するAIや破壊的な技術等が別の事業者の手に渡り（もしくはホワイトレーベルとしてOEM供給され）、新たなビジネスモデルを実現するツールとなって金融業に破壊的なダメージを与える新たなプレイヤーの出現につながると見ている。このように4人の騎士たちは、リアルチャネルを含め世界全体を急速な勢いでデジタル化の流れに巻き込んでおり、そのインパクトが及ぶ範囲は金融業も含めて既存産業において例外はない。最近巷で聞かれる「フィンテックは銀行にとっての破壊的な存在ではなく共存共栄の関係だ」という、銀行員を安心させる耳障りのいい話は、ファンタジーに過ぎない。

　Alipayは、2018年から日本に本格進出する。現時点でAlipayが使える加盟店は少ないから、普及には時間を要するとの見方が少なくない。しかし、Alipayは中国では、端末を設置する加盟店と利用者に報奨金を出している。日本国内では、その仕組みになじみがないが、いったん報奨金制度が受け入れられれば、瞬く間にAlipayは普及するだろう。

　そのとき、われわれの日常生活のデータは中国に渡ることになる。

ASEANの面々が恐れていたのは、まさにこのことだ。

　英国やシンポールをフィンテック立国に駆り立てた背景には、実はこの危機感があったのではないか。単独国では対抗できないからネットワーク効果を狙ってフィンテック・ブリッジを推進したのではないかとさえ考えている。
　日本は、精緻なハコモノ作りに気を取られて、オープン化とデータ活用によるプラットフォーム型のエコノミーに出遅れた。今の日本に必要なのは、まず足元で起きているデジタル化の動きが、国難ともいうべき状況につながる可能性をしっかりと認識することだ。このような状況を放置し、目先のコストだけを考えてオープン・イノベーションを進めると、データという富が寡占的なプレイヤーに集中することを加速させ、常に先手を打たれる。人工知能、自動運転車、衝突回避等の自動車の安全装置、医療システム、医療ロボット、データ分析による治療法の探求、カスタマイズされた調剤、介護ロボット、スマートシティ、スマートハウス、衛星……。4人の騎士たちやPayPalマフィアが投資している領域は広い。データはやすやすと国境を越え、業態をも超え、足りない知恵やデータはM&Aで充足させればよいのだ。

8 日本の金融機関が生き残るための2つの提言

"To build better society, build it must be ourselves for those things don't come about by themselves"

Lee Kuan Yew
The Former President of Singapore

より良い社会を作るには、
より良い社会は勝手に訪れるわけではなく、
自分たち自身の手でそれを作り上げるべきだ。
リー・クアンユー
元シンガポール大統領

もはや時間の余裕はない

　日本は今、デジタル・イノベーションの世界において主要国の中では完全に出遅れており、スウェーデンのように自らを破壊して再生させるくらいの覚悟が必要だ。

　テクノロジーの指数関数的な進化を考えると、国内経済のダイナミズムを復活させる「構造改革」を待つ時間的余裕はなく、政治に期待することはできない。とにかく今は、前に進むことが大事だ。時間をかけるほど、日本の改革が道半ばな状況につけ込んで、デジタル革命が加速度をつけて日本全体の構造を揺るがす可能性さえある。そして、金融危機以降20年間にわたり成長できなかったことを踏まえると、日本単独で短期間のうちにデジタル・イノベーションを受け入れる社会を構築するのは難しいと考えている。

　この状況を解決するには、明治時代のお雇い外国人並みに海外から人を雇い、世の中を再編成するようなインパクトを与えることが必要だ。残念ながら、それも今は難しい。世の中の危機感はそこまで高くないからだ。

（1）第1の提言：
　　国境を超えたイノベーションのエコシステム

イノベーションの梁山泊を作る

　梁山泊（りょうざんぱく）は、中国にかつて存在した沼地で、時の政府に対する反乱軍が集結した場所だ。これが108人の好漢が活躍する伝奇小説『水滸伝』としてまとめられ人気を博したことから転じて、豪傑や野心家が集まる場所として使われる。

　本稿では、日本とASEANのイノベーションを担う人間が集うエコシステムの代名詞として使っていく。

ASEANへの期待

　ASEANは東南アジア10カ国で構成される地域協力機構で、ASEAN地域の安定および日本とASEAN関係の強化は、日本

の平和と繁栄にとり極めて重要（ASEAN日本政府代表部）と認識されている。日本にとってASEANは、第二の貿易相手国であり、東アジア最大の投資対象国でもある。ASEANは6.2億人の人口を擁し、若年労働力に恵まれて過去10年でGDPが3倍になるなど、目覚しい成長を遂げており、2020年には400兆円と日本をやや下回る規模にまで成長することが見込まれている。

近年、日本とASEANの関係は、安倍政権誕生以降、新産業官民対話という形で継続している。毎年持ち回りで2014年ミャンマー「グリーン、ヘルスケア」、2015年マレーシア「ベンチャースタートアップ」、2016年バンコク「サービスセクター」、2017年マニラ「デジタライズASEAN」と知識経済への移行を意識したテーマで議論が展開され、2017年4月に東京においてAJIN（ASEAN Japan Innovation Network）が調印された。

AJINは、日本とASEANの企業連携により新産業創出やイノベーション分野での協力を促進する枠組みであり、今後の進展が期待されている。ASEANの成長は、自立的な成長というよりは、資本蓄積が限定的で地域に有力企業が少ないため*、これまでの成長も、財閥の内部資金か外資に依存する傾向が高い。

ASEANは中国や韓国にとっても有望な市場で、大勢の中国人観光客や華僑の存在を背景に銀聯・Alibaba等が技術と資本を組み合わせた具体的な支援を拡大している。韓国企業の進出も目覚ましい。そのなかで、日本の関与は調査や技術供与の域を出ておらず事業化につながっていないというのが、ASEAN側の論点だ。

最低水準となった日本の起業環境を打破

日本国内の起業に関する意識は、ここ10年国際的に見て最低水準にある。2013年に実施された71カ国の研究者による「起業家精神の調査」（Global Entrepreneurship Monitor）では、起業家が職業選択として好ましいと回答した比率はOECD加盟国中では10年連続最下位で、起業家の社会的地位について

*Forbesグローバル2000の企業リストにおいてASEANからランクインしている企業は、全体の3%程度に過ぎない

も調査対象国中、ほぼ最下位圏で低迷している。国内の起業機会の有無についても、他項目とほぼ変わらない。

日本がイノベーションによって成長を遂げるには、この状況を打破することが必要だ。

とはいえ、日本国内における起業環境が劣悪な状況の中で、NIH症候群*といわれる大企業における自前主義によってオープン・イノベーションが阻害される状況や、再三触れてきたリスク回避的なカルチャーによるイノベーションに対する後ろ向きの姿勢を変革するには、時間がかかり過ぎて無理がある。

むしろASEAN地域においてVC機能を持ったイノベーションのエコシステムを構築し、起業家の活動を通じてベンチャーが継続的に拡大再生産される仕組みの構築を目指すべきだ。そこに日本政府と日本人に積極的な参加を求めることを通じて、日本とは異なる環境で育んだサービスを世界に向けて発信する一方で、最終的には日本に逆輸入する"リバースエンジニアリング"のパターンが解決の最短距離ではないだろうか。

ASEANのリーダーは欧米で教育を受けた人が多く、オープンで視野が広い。日本のクローズドな環境においてイノベーションに挑戦するよりも、ASEANに居を構えてそれらのリーダーとの交流を通じて社会を学ぶほうが、よほど先が開けて前向きだ。

日本の環境は、ともすれば前に触れたシリコンバレーに敗れたボストン企業に似ているというのが、偽らざる感想である。ASEANとの連携は日本にとって成長市場の恩恵に与るだけでなく、実は日本以外の国はすべてオープンだったのだと痛感させられるよい機会になる。特に感受性の強い日本人の若者や中堅層たちに、この思いを実体験させたい。

この戦略は、ASEANをオープン・イノベーションのフィールドと位置付けて、デジタルな新しい価値を追求することをテーマとしながら、実体験に基づく日本人を国際人として成長させるためのメカニズムを提供する試みである。

日本と欧州の経済メカニズムは、重要な経済活動の大半を既

NIH症候群
Not Invented Here Syndrome：人は、他人が作ったものを信用せず、自分で同じものを作りたがる。さまざまな言い訳をつけて、外部の部品やサービスを拒む傾向のこと

存大企業が担う"大企業がリードする経済体制"になっており、破壊的なイノベーションが大企業を襲うと日本経済全体が壊滅的な影響を蒙るリスクに晒されている。民間と公的部門が共同で海外においてイノベーションを創造する仕組みは、そこに企業内の起業家予備軍を含む日本人を組み込み、イノベーションに対するシンパを培養することを通じて、足元で大企業リード経済が持つリスクを軽減させ、中長期的に日本の大企業の変革を促すという意味で意義のあるメカニズムになっていくはずだ。

起業家をASEANに

イノベーションのエコシステムは、広義に考えると「ASEANと日本の起業家、VCのほかに、技術シーズを提供する各国の大学、起業家を支援し育成するコンサルタント、関係者利害を調整する法律家や会計士、ベンチャー企業の製品を購入する大企業の購買担当やCIO、そして銀行等の金融機関」で構成する。こうしたメンバーが梁山泊を構成し、ASEANや日本のベンチャー企業と、大学、大企業との連携を促進することが戦略の目的だ。この時、エコシステムの参加者は起業家を支援するコストを成功報酬型にするなど、互いにリスクをシェアする仕組みを導入することが必要だ。

つまり本件はイノベーションのエコシステムを構成する各人によるマッチングやシーズの事業化を支援する資金提供とプラットフォームを作ることであり、結果的にM&Aや起業家のエグジット戦略に貢献できる。

最近では海外で起業している日本のベンチャーが約100社程度まで増加するなど、この5年ほどで変化が生まれつつある。今後起業家、ベンチャーキャピタリストや国際的な大企業の社員、エンジニア、あるいは大学の研究者をも巻き込んで、特定の国々と連携させるコミュニティに対するニーズが高まるだろう。この取組みは、既にグローバル化しつつある日本人の取組みも支援可能とすることで、有望なベンチャー企業への投資機会を失わないためにも重要である。さらにASEANのエコシス

テムと日本国内の政令指定都市等に設けられたイノベーションラボが連携していくことも考慮すべきである。

ASEAN発のスタートアップ

　2015年以降、シンガポールがMAS主導でフィンテック主体のイノベーションハブ構想に着手し、ASEAN各国も追随すべく個別の取組みを開始している。しかしASEANとして各国が共同歩調でイノベーションを育む環境には至っていない。ASEANは、日本に対し技術供与にとどまらない支援要請を行なっており、ASEANスタートアップのエグジットのことを考えると米国など域外の有力企業傘下となるのは、必ずしもASEANの利益にはつながらない。

　ASEANに本拠を構える梁山泊には、スタートアップが活動できるオフィスが用意され、クラウド環境やアジャイル開発のためのツール群が提供される。梁山泊がASEAN各国の大学やフィンテック協会等のスタートアップエコシステムと緊密に連携し、さらに日本の大企業や各地のエコシステムとも連携し、人材の交流が進むほかメンタリングや販売先に関する意見交換を行なう。日系大企業や地域のエコシステムに属するメンバーたちは梁山泊に出入りし、ASEANのプレイヤーと協業しながらハッカソン等のイベントや育成プログラムに参画する。

ボーンASEAN
ASEAN生まれでASEANを主たる活動領域にすること

　梁山泊での切磋琢磨を通じて、ボーンASEAN*のスタートアップが養成される。これらの企業はASEANと日本企業によって提供されるプラットフォーム上で活躍する。この活動によって日本とASEANが背負う共通課題を解決し脅威への共同戦線を作る。梁山泊ではR&Dを中心とした破壊的な技術研究開発を実施するほか、産業分野として日本とASEANがそれぞれ課題と認識している領域を持ち寄る。例えば先端的製造業、ヘルスケア、小売、金融等だ。また課題先進国という有難くないタイトルを保有する日本の課題を解決するハッカソンも意味がある。

プロブレム・ステートメント
ハッカソンでは、事前に「少子高齢化における金融手法について」といった募集テーマを提示し、それに対して解決策を提案させる

　社会的な課題解決をプロブレム・ステートメント*にまとめて

ASEANと日本国内の産学官との協業によって英知を集め、イノベーションを生み出していくのである。

　梁山泊が発展するには、IT産業だけでなく、電機、自動車、化学などのモノづくり全般にわたる伝統的大企業の参加が必要であり、大学と伝統的産業が世界でも有数のシード技術を有している日本の強みをこのタイミングで開花させるべきだ。今こそAJINの活動に民間企業が参画し、具体的な成果を生み出す時が来ていると考えている。

イノベーションを後押しする資金調達

　このスキームを資金面から支えるファンドの形態は、政府出資と政府保証に対し民間の投資を加えてエクスポネンシャル*な成長を意識し、デジタルテクノロジーをフル活用して欧米やアジアのVCやSWFも参加できる形式とする。このVCの投資先はASEANと日本企業だが、役に立つ技術であれば欧米であっても問題はない。VCは、結果的に欧米VCのファンド・オブ・ファンズ（複数のファンドに対して投資するファンドのこと）に投資するような形式になる可能性があるが、日本の政府出資や保証を付与することで海外VCがより積極的に目利き力を発揮させることを狙う。

エクスポネンシャル
指数関数的の意。ムーアの法則やシンギュラリティなど直線的変化を大きく上回る急成長を表現する言葉

未公開株の取引市場を作る

　近年、米国特にシリコンバレーを中心に未公開大型企業が増加している。Uber、Vanguard、Fidelity、Cargill、McKinsey、Sequoia Capital、NFL、PwC、Bloomberg、Airbnb、DELL、SpaceXなどだ。

　低金利に加え、行き過ぎた四半期決算への反省、VCやPEの発達、LLCやLLP等の新しい企業形態、知識集約化によって製造業と比較すると資本を必要としないことなどを理由に、上場するリスクが高まり、上場IT企業であっても種類株の発行など、イノベーションが行いやすい資本政策を実施する企業が現れている。それによってウォール街の存在さえ怪しくなったという記事が2016年のフォーブス誌に『So Long Wall Street（さ

らば、ウォール街)』という特集が掲載された。

　確かに既存の証券取引所は、フラッシュトレーディングなど、短期取引指向を強めており、企業の長期的な成長にむけた投資への評価がなおざりにされている可能性がある。

　この戦略は日本国内に長期投資を目的にした新しい取引所をつくり、新興企業や次に述べるトヨタのような事例を含めてイノベーションに立ち向かう企業の活力を維持しながら資本調達を行う仕組みを提供することにある。シリコンバレーの未公開企業の株式を取り扱うことやIPOを引き受けることも排除しない。当然、取引所のインフラはブロックチェーン技術で作ることになる。それによって、投資家と企業が直接取引すること、小額取引、株主名簿の日次更新など魅力あふれる市場が創造できるからだ。

　先進国が産業経済から知識経済へのシフトが進みイノベーションを成長のエンジンとして活用する傾向が強まったことで、四半期決算による短期志向に立脚する従来型の市場金融の仕組みの機能不全に対し、日本においても発行者側が異議を唱え始めている。

　2015年に発行されたトヨタのAA株が良い例だ。自動運転カーなど未来に向かっての投資が必要になったトヨタ自動車は、配当は行うが5年間売却できない社債のような株式を発行した。当然これは上場規則に反するから東証には上場不可である。AA株は瞬間蒸発したらしいが、イノベーション時代のファイナンスのあるべき姿を再考させる話である。

　トヨタは、今回の発行を機に"トヨタファン"の株主名簿を手に入れた。トヨタが望めば、新しい取引所に上場することも夢ではない。

　ただし株式投資が国民経済の長期的な成長に結びつくような新しい上場規則の検討が必要だ。例えば株主の権限の大きさと株式保有期間をリンクさせたり、CEOの報酬を長期的な業績拡大で定義すること、また発行体に対しても投資家の長期投資に耐え得る水準の情報開示を要望する必要がある。

サンフランシスコの"Loyal3"という証券会社のビジネスモデルにも注目する必要がある。この会社の法的な位置づけは名義書換代行会社だが、売買取引手数料は"ゼロ"で、限定されたブランド銘柄しか扱わず、取引単位の大きい株であっても小口取引が可能なユニークなサービスを提供している。

　なぜそのような取引が可能かというと"Loyal3"は、Coca-Cola、Nike、Patagoniaなど若者が愛着を感じる企業の株式のみを対象に、発行体が取引手数料を支払う形で小口取引ができるようなCSOPプログラム*なのだ。企業は、自社の株を狡猾な投資家ではなく自分のファンに所有してほしいと思っているのだ。長期的なイノベーションと株式投資は本来相性が良いはずで、若い世代の資産形成ともリンクさせることで、若い世代がイノベーションに関与する機会を増やすことにもつながる。これらを実現させる新しい取引の器を作る必要性があると筆者は考えている。

> **CSOPプログラム**
> Customer Stock Ownership Plan：企業が発行する株式を顧客が保有するプラン。地元の鉄道やユーティリティ企業を利用者が保有する事例が多いが、近年、このスキームは一般事業法人の間でも広がっており、ナスダック市場では60社程度が契約しているとされる

　トヨタのAA株やLoyal3が登場する流れには「金融の民主化」のトレンドが背景にある。決済が最終的に中央の仕組みをバイパスして、P2Pで資金のやりとりをおこなうようになってきたように、融資にもクラウドファンディングがあり、証券市場にも発行体と投資家が直接結びつく市場が形成されれば、それが日本における資金の偏在を変えていくきっかけにもなる。

（2）第2の提言：決済高度化を武器に イノベーションを推進する

イノベーションのコア領域としての決済業務

　日本におけるフィンテックの議論は、金融審議会の下で開催された決済業務等の高度化に関するワーキング・グループでの議論から始まった。決済業務は銀行における外部との接点において最もテクノロジーに親和性の高い業務で、フィンテックが活動する領域の中で最もプレイヤー数が多い領域である。その点から決済ビジネスは、これからもイノベーションが発生する

コア領域となるだろう。

世界で拡がるリアルタイム決済

　日本では70年代から普及していたリアルタイム決済が、英国を皮切りに世界で普及している。同時にスマートフォンの普及が組み合わさり、銀行口座と電話番号、納税番号、公共料金収納コード番号、電子商取引の支払いが連携を開始している。諸外国では、本人認証に国民ID等が使われ、利便性が一層高まっている。これまで支払い手段ごとに整備されてきた決済インフラがスマートフォンを中心に収斂する動きがAPIの実装によって加速する。この流れによって、決済は銀行だけでなく、利用者との距離を縮めたい一般の企業が直接決済市場に関与するようなスキームも含めて、新しいガバナンス構造が検討される蓋然性が高まっている。今後、APIの活用は改正銀行法に基づくAPIから割賦販売法に係るAPI、さらには金融商品取引法業者のAPIにつながることも視野に入れるべきだ。このAPI連携は、これまで分断されていた金融の仕組みを大きく変えていくだろう。

APNHUBの実現とクロスボーダー連携

　リアルタイム決済が世界各地に行き渡り、スマホを介して国を超えて連携する未来がすぐそこまでに来ている。APN（Asian Payment Network）が5年越しで議論をしていたAPNHUB*の設置が決まり、アジア太平洋域内での国境を超えた決済が容易になる。APNは、現在ASEAN、日本、韓国、中国、豪州、ニュージーランドの11カ国で構成される決済事業者の連合体だが、インドやASEAN新興国からも加盟が打診されており、人口対比では世界人口の半分をカバーするネットワークに成長する可能性を秘めている。

　今後APNHUBが設立され、アジア地域の決済を代表するようになると、欧州における同様の組織であるEACHA（European Automated Clearing House Associiation）との連携が現実味を帯びてくる。また米国においてもTCH（The Clearing

APNHUB
参加国が個別に接続するのではなく、集中的な機関を通じて1度の接続で全ての参加者に接続されるハブ機能

| 第8章 | 日本の金融機関が生き残るための2つの提言

House）がリアルタイム決済の導入途上にあり、大手行がリードするスマホ決済スキームであるZelle（旧Clear Exchange）のクリアリングをTCHが担う可能性が出てきた。担い手が誰になるにせよ、このような流れの最終形は欧米亜の3極のHUBが相互連携する姿がある。

　米国の法学者ローレンス・レッシグ*は、人間の行動に影響を及ぼすものとして、法律、社会規範、市場、アーキテクチャーを指摘しているが、特にインターネット等のサイバー空間ではアーキテクチャーこそが重要な規制手段だとする。
　筆者が体験したAPNにおけるの事例を紐解くと、中国銀聯がASEAN標準としてEMVチップ*の標準化をASEAN各国にむけて提案した。これは長期的に見てセキュリティ基準のバージョンアップを伴うため、実質的にASEAN各国の中国への依存度を高める効果を持つ。日本はこの時アーキテクチャーがもたらす効果に着目するのが遅れ、一敗地にまみれた。

Lawrence Lessig
スタンフォード大学の憲法学者でクリエイティブコモンズの創始者。主著に『CODE—インターネットの合法・違法・プライバシー』（翔泳社　2001年）。アーキテクチャーの概念は、イノベーションをもたらす法のデザインの観点から近年、注目を集めている。

EMVチップ
Europay International Mastercard Visaの略でカード券面にICチップを埋め込んで認証するセキュリティ基準

アジアの利害代表としての日本

　この時の経験を踏まえると、日本経済がASEANや世界とより緊密になっていくなかで、世界の決済システムが連携・収斂する動きや、EUに始まるデータ保護法改正の動き等に対しルール策定に携わっていく体制の構築が必要ではないかと考えている。日本（もしくはASEANに代表されるアジア）の利害を代表して、日本の銀行をはじめとする事業者にとって、公平なプレイングフィールド作りと海外とつながるような活動を担う組織である。レッシグの言うように新たな競争環境のアーキテクチャー構想が日本やASEANにとって競争力を左右しかねないからだ。
　決済業務等の高度化ワーキング・グループの活動を引き継ぐ決済高度化官民推進会議の英文名は、"Payments Council on Financial Innovation"で、この英文名に"今後の日本の決済業務のあるべき姿"が託されているように思えてならない。
　ちなみにPayments Council（決済協議会）とは英国において

2007年から2015年まで存在した組織だ。2003年に当時のゴードン・ブラウン蔵相が決済システムのタスクフォースを公正取引委員会に主導するように指示したことで2007年誕生したもので、英国決済制度の統合と効率化を進めた。その後Payments Councilは、APACS（決済クリアリング協会）の役割を承継し、先に紹介した英国のFPS（リアルタイム決済制度）を導入する役目を帯びた。2011年になってPayments Councialが小切手の廃止を一方的に通告したことが波紋を呼び、Payments Councialの規制機能と業界団体としての機能が分離され、規制機能がFCAに移管されて業界団体としてのPayments' UKと改称されている。

その点において、日本国内におけるガバナンス・監督体制を商品ごとではなく欧米並みに整えていく必要性があるだろう。

キャッシュフリー社会にむけたインフラを整備する

決済ビジネスを例にとって、今世界の市場で起きている銀行以外の事業者によるイノベーションを観察すると、「SNSやスマートフォン等の顧客接点の強みを使って参入する事業者」、「UberやAirbnb等業態全体をデジタル化し決済取引が一連のプロセスに含まれる動き」、「大手流通業者や飲食チェーン等のリアルチャネル事業者が、EC（電子商取引）を使って決済部分も含めたシームレスな垂直統合を行う動き」等、銀行決済はすでにあまたの脅威に侵食されていて、これらの決済は、ほとんどがスマートフォンを利用したプラットフォーム上のサービスで、日本市場も早晩同じような競争環境におかれるだろう。

新しいビジネスモデルに共通しているのは"フリクションレス"と言われる、タクシーで目的地に到達すること、旅行でニーズに合った宿泊先を見つけること、買い物をスムーズに終えること等の顧客の目的を滞りなく達成させること、言い換えるとデジタル化によって顧客がサービスを利用する時間を短縮する点である。サービスを販売する以上は支払い行為は付き物で、一日24時間という制約があるなかで外部の金融サービス

を利用する時間は事業者から見ると機会損失につながる。だから自らが決済を自分のサービスとバンドルして提供されるようになった。

この時点で、金融サービスはこれまで以上に社会的な存在になったのである。決済サービスを使う機会は至るところにあって、銀行がバンドルするか、異業種にバンドルされるかが分かれ道だ。

顧客のプロセスに組み込まれたフリクションレスな決済は、ユーザーの時間の浪費を極限まで抑える。筆者がロンドンで「Wagamama（ワガママ）」という地元資本が経営する日本食チェーンに並んでいた時のこと*、レジ待ち行列の前に次々と人が割り込んでくる。彼らはオンラインで事前注文した「カスタマイズされた親子丼」を、スマホの画面を店員に見せながら次々とピックアップしているのだ。"Wagamama"による決済機能が提供されていて、支払いは注文時にすでに完了しているのだ。この日本食チェーンは、購買と決済をスマホアプリで垂直統合させ、待ち行列に並ぶ苦痛な時間の大幅短縮に成功しているのだ。

消費者がフリクションレスに慣れてくると、銀行店舗で顧客を待たせたり、コンプライアンスの観点から多数の書類を記入させたりすることによる時間の浪費が際立つ。今後、銀行が、「Wagamama」のように地元の小売店や飲食店と組んでフリクションレスな決済を提供することには大きな意味がある。その時重要になるのは、決済や諸手続のオートメーション化を行なって決済を機能として外部に提供できるようにすることだ。マニュアルの業務プロセスが残ると、他社に機能提供することはほぼ不可能だ。

Wagamamaはイギリスのロンドンを中心に世界各地でチェーンを広げる日本風料理店。1992年で香港出身のアラン・ヤウによってロンドン・ブルームスベリーにおいて創業され、イギリス以外にはアイルランドやオーストラリア、トルコ、オランダ、アメリカなどでも展開している

銀行の役割が大きく変わる

日本でもスマホ決済が普及すれば、顧客活動の多様なプロセスに決済機能を提供することができるようになる。スマホアプリが、多様な事業者によるフリクションレスやペーパーレスなどの付加価値を顧客に提供することによって、究極にはスマホ

決済の普及が"キャッシュフリー社会"の実現に貢献するイネーブラーになると考えている。これはスウェーデンやタイで見られたことと同じである。

その時、銀行はどのような役割を果たすのか、これまで顧客に対してどのような価値を提供し、これから誰に付加価値を提供するのか。筆者は、銀行業が他者の利益のために行動するサービス提供企業として、国や地域、さらには金融機能に限らない機能を、銀行のプラットフォームとして提供して対価をもらうという方向にフォーカスすべきだと考えている。

銀行が異業種にはマネのできないようなやり方で顧客に付加価値を提供することはできないのか。「銀行は物販業者ではないから、そのようなサービスは現実的ではない」と思考停止に陥っていないだろうか。ポイントを配ったりするだけでなく、付加価値の対象には時間的な価値、空間的な価値、社会的な価値等を提供することが含まれる。

地元や地域の特性を踏まえて、銀行が歴史的に果たしてきた本質的な機能や役割、つまり信頼・中立・公平な第三者としての立場などをもとに新しいビジネスモデルを構想できるはずだ。このアプローチは、目新しいサービスや脅威への対抗策を考えるために行うのではない。銀行の本質的な機能や役割をデジタルサービスとして提供して、低下しつつある情報生産能力を回復する、より本質的な銀行ビジネスのデジタル・トランスフォーメーションだ。

社会インフラとしての認証機能

ひとつ具体例を考えてみよう。

銀行が持つ本質的な機能のひとつに、Authentication（認証）という役割がある。認証は、古典的な印鑑・サイン・パスワードに加え、パスポートやマイナンバー、さらには生体認証等にまで多様化している。認証は、契約、口座開設やオンライン・オフラインの各種取引等、経済的・法的な手続きの入り口である。セキュリティや不正防止の点からこれまで以上に重要性が高まっており、利用者も銀行もその管理に大変な労力を費やし

ているのが現状だ。

　認証は、銀行において単独で成立する業務ではなく、行為の入り口にあってそのあとのプロセスとバンドルされて存在する。例えば、融資契約のための面前自書押印は、融資プロセス全体と一体化していて、銀行が本人の意思確認を含め信頼できる第三者として長らく経済社会の入り口で発揮し続けてきた機能である。また近年では、指紋や静脈などの生体認証を世界に先駆けて実用化し、経験を蓄積してきた。これらのノウハウは、銀行取引のみならず、地域や社会全体の経済活動を支えるインフラとしてデジタル化して切り出して銀行が機能提供できるはずだ。

　企業や公共部門には、認証を必要とする場面が数多く残されていると考えられる。銀行にとって認証をサービスとして取り扱うメリットは、認証データが、将来あらゆる活動を紐付けるキーとなってデータ分析やマーケティングのベースとなる可能性があり、ゲートキーパーとして銀行が機能を発揮することで、新しいビジネスモデルの創設に関わることができる。さらに銀行としての事務コスト削減にもなる。

　認証はどのように重要か。

　例えば、日本は口座保有率が90%を超える金融包摂社会だが、ASEAN地域のインドネシア、ベトナム、フィリピンはその半分にも満たない。そのため、銀行口座を持たないMSMEは、認証ができず経済成長の決め手とされる電子商取引に入っていけないことが、ASEANの安定的な成長を阻害するとして大きな課題となっている。銀行サービスが行き渡っていないから、認証機能が確立されないのだ。

　筆者は銀行が自ら機能やビジネスモデルを再整理し、地域や国益にかなう長期的で社会的な意義のあるビジネスを探究する必要性を感じている。デジタルテクノロジーは、その探究活動を通じて得られた目的をデジタル化する手段であって、デジタルテクノロジーの活用自体を目的としてはならない。

　銀行の持つ本質的な機能をデジタル化して、社会に役立つ新

しいサービスとして提供することが日本の銀行イノベーションの真価ではないか。

　銀行機能は、社会全体がデジタル化の進展によって変質していく時代にあって、同じように適合して変化していく過程にある。そのように考えると、グローバルな資本の論理で動かざるを得ないメガバンクと、フランチャイズという地元を持つ地域金融機関が、デジタル時代に果たす役割も自ずと違ってくる。その意味では、認証はあくまで第一歩であって、地域の自治体、地元のコミュニティ、商店、大学や水道、電気、道路や橋梁などのインフラに至るまで、銀行がイノベーションの対象とすべき分野は多い。そして次に述べるデータ・ポータビリティと密接な関係をもつのである。

データ・ポータビリティのメーンプレイヤー

　世界を席巻する四人の騎士たちやAlibabaの脅威に対して対策を講じることが重要だ。そして対策を検討してみると、この新しい事業の部分の担い手として、銀行の使命が認識される。

　2016年6月にEUはGDPR（General Data Protection Regulation：EU一般データ保護法）を成立させた。（2018年5月発効）新法は、個人情報保護、消費者保護、競争政策上の問題において画期的となる、データ・ポータビリティ権（個人データを他の事業者に移管することを請求する権利）という画期的な概念が盛り込まれている。

　データ・ポータビリティの権利とは、"個人がIT事業者等に提供した個人情報は、本人が扱いやすい電子的形式によって取り戻すことができ、他の事業者（プラットフォーム）に移行し乗り換えることを（事業者の妨害なしで）可能にする権利"のことだ。

　2014年に日本で"MNP（携帯電話番号ポータビリティ）"によって通信事業者が独占していてユーザーロックインにつながりやすい電話番号を、他業者に乗り換えた場合であっても使用可能になったことを思い出していただきたい。それによって大手事業者から他社に大挙して移動する事例が見られたことは記

憶に新しい。

　また、欧州では既述の無料市場が、その裏側の有料市場と対になって存在しているGoogle、Amazon、Facebookなどのマルチサイド市場＊においては、無料サービス側でユーザーを惹きつけ対価を得る有料市場に結び付けているケースについても、無料市場も含む形で独占禁止法の適応対象として把握する判決（欧州委員会のFacebook／WhatsApp事件：欧州委員会2014年10月、Case No COMP/M.7217 Facebook/WhatsApp, paragraph.165-167））を下しており、欧州同様に日本国内での検討に値する。米国の4人の騎士のようなプレイヤーを最終的に止めるには、独占禁止法の改正しか残されていないと考えられ、競争政策上、早急な対応が必要だ。

顧客を守るという新たな使命

　2017年の5月、複数の米銀（Bank of America、Wells Fargo、JPMorgan Chase、Capital One）によるAPIの運用実験に関する情報が入ってきた。各行は、データ集約サービスを行っているIntuit（パーソナルファイナンスサービス業）、Xero（オンライン会計ソフト）等に対し、「われわれは顧客データを交換する際に、より透明性が高く、簡単で、もし停止したい時にも迅速に対応できるようにするために、顧客名やパスワードを取り除くユニークなトークンを使う」ことを公表した。「現在、データ共有機能については、実証実験中で秋以降は共有停止についても実験を行う」とBank of Americaのデジタルバンキング担当のミッチェル・ムーアは語る。

　今後導入されるオープンAPIによって、フィンテック事業者などの外部第三者へのデータ開示を進めることになるが、銀行はその対応方針を明示する必要がある。さらに秋以降には経済産業省主導のクレジット・カードに関するオープンAPIについても検討が進む。

　後者は、今後ガイドラインが示されることになろうが、クレジット・カードの情報は消費データそのものであり、カード発行者を利用者自身が選択するようなAPIについても検討される

マルチサイド市場
一方の市場の活動がその裏側の市場に対してよい結果を生むような市場）

可能性があり、銀行のあり方を再考させるような機会につながるはずだ。

　先ほど触れたEUのデータ保護に関する議論とオープンAPIの議論を重ねて考えてみると、消費者がデータ・ポータビリティに関する権利を日本においても確立されることになった場合、個人が自分自身のデータを自ら管理する必要が出てくる。

　新しく確立されるこの権利は、個人としてはもちろん、地域や社会にも、さらには国の経済的な便益をも創出する可能性がある。その際、これまで個人や企業情報を扱ってきた実績と社会的な信頼をバックに銀行がその権利行使を支える基盤を提供し、データ収集・蓄積・分析・活用・セキュアな共有を担う可能性がある。

　もとよりこの流れは、これまでお金を扱ってきた銀行にとってデータが価値を生み、ある意味で貨幣となったと置き換えて考えるとわかりやすい。

　この役割は今後、個人情報や生体情報を超えて、法人企業やIoTにおけるマシーン、地域における橋や病院等のインフラにまで拡大される可能性がある。デジタルデータを保存し、必要に応じてデータ提供によって意思決定を支援することは、自治体のデジタル化を支援し、地域のインフラ資産である水道、ガス、電気等の有効活用の支援につながるほか、納税や起債による財政メカニズムのコントロールにも大きな付加価値をもたらすことになるだろう。こうした課題の解決を銀行はスタートアップとともに、エコシステムの中で考え実現していくのだ。

　銀行は、金融サービスを提供して手数料を稼ぐ企業から、信頼をバックに顧客の側に立って顧客を守る守護神としての使命を担うことになる。銀行が新しい使命をまっとうするには、デジタル・トランスフォーメーションによってビジネスモデルを刷新し、スタートアップとともにイノベーションを興し地域の再生につなげる活動に関与することが必要だ。銀行が新しい姿に行き着くには自らを破壊し、再生させるくらいの強い覚悟とコミットメントが必要である。

（3）ITベンダーのトランスフォーメーション

金融機関とITベンダーの競争が始まる

　デジタル技術の普及によってITベンダーの経営環境は大きな変化が訪れる。それによってITベンダーはビジネスモデルのトランスフォーメーションを行なう必要がある。

　ITベンダーは金融危機の回復過程の厳しい環境の下、銀行と二人三脚でITの開発と運用を進めてきた長い歴史と信頼関係を持っている。これまで見てきたような子会社へのアウトソーシングやそれに対する出資、共同化システムへの運営参画などである。しかし、デジタル化の波はそのような関係を一切無視して競争環境を一変させる。JP Morgan Chase CEOのジェイミー・ダイモンが言ったように、銀行が先進的なソフトウエア企業になることを目指すようになるからだ。つまり、これまで親密な関係にあった金融機関がITベンダーの競争相手になるのである。規模の大きい外資系金融や日本のメガバンクはその傾向が強まる。この動きはこれまでITベンダーの顧客であった地銀など中小金融機関はいうに及ばず、政府機関、地方公共団体、公益企業、法人企業などの顧客を金融機関とITベンダーが奪い合いをすることになる。またその結果、市場インフラのような共同利用型プラットフォームシステム自体が、代替やバイパスされる蓋然性が高まり、ITベンダーの競争環境は、これまでとは全く異なる様相を呈することになる。

　また、顧客企業内のITに関わるパワーポリティクスが変化し、デジタル技術の活用に関する意思決定が従来のIT部門から、より経営者に近いイノベーション部門にシフトすることによって、ITベンダーの既存営業チャネルが弱体化することが想定される。

　実はそれだけではない。マーク・アンドリーセンが「ソフトウエアは世界を食べている」で予見したように、（第5章を参照）産業全体がソフトウエア産業化する日が到来するならば、

すべての企業は、ITベンダーの商売敵になる可能性があると考えるべきで、ITベンダーはいよいよそのビジネスモデルを革新していく必要性があるのだ。

さらに、第3章で見たように日本におけるIT人材が外部IT企業に偏在していることを考えると、現在IT企業で活躍している優秀な人材が流動化し、他産業に流出していくことも留意しなくてはならない。ある米国の調査では、消費財企業のP&Gやユニリバーから大量の人材がGoogleやAmazonに流失しており、今後は産業をまたいだ人材のシフトが進む可能性があることを暗示している。

営業戦略の革新

これから市場で起きようとしていることは、全産業におけるデジタル・トランスフォーメーションである。各社がしのぎを削ってデジタルビジネスを創造する世界が訪れようとしている。この時に必要なことは、企画力であり広義のコンサルティング能力を強化することといえる。コンサル力や企画力を発揮して、経営陣へのリーチを確保するのだ。とはいえ、天に唾することを覚悟していうと、コンサルティング業自体も大きく変化することが見込まれる。デジタル化の流れは、コンサルタントに調査・企画・戦略を机上で考えることから、ソフトウエア・アプリケーション自体を開発する工程に関与することを求める。事実、シリコンバレーのアジャイルシステム開発現場では、デザイナーやプロダクトマネジャーがチームの一員として開発工程に関与しており、その工程において彼らが果たす役割は、まさに現在コンサルタントが提供している作業に他ならないからだ。

開発戦略の革新

開発プロセスも大きく変貌することが見込まれる。アジャイル開発については第6章で触れたが、結局のところITベンダーの心臓部である開発プロセスが変わるということは、ITベ

ンダーの組織が変化することである。そしてこの中には人材戦略も含まれる。その時、デジタル技術がもたらす新しいITの開発プロセスは、顧客エンゲージメントを強めることを目的に試行錯誤で実験を繰り返すものである一方、既存の銀行システムは目指すシステムが停止せず動き続ける安心・安全な記帳システムとは、180度開発思想が異なるものであることを念頭におくべきだ。

この二つの異なる目的のシステムを同一の組織で開発・運営しようとすると、企画・設計・営業・維持管理の全ての工程において相違が発生するため、その案は合理的とはいえない。むしろすべてのシステムが一挙にデジタル化するわけではないとしたら、まずデジタルビジネス分野を既存ビジネスラインと独立した構造にすることから検討を開始すべきだろう。

ビジネスモデルの革新

このようにデジタル技術が普及し、APIによって連携しはじめ、全産業がITベンダーの競合になる世界は、ITベンダーにビジネスモデル革新を要請するのである。ITベンダーのビジネスモデル革新とは、IT製造業（システム開発を行なって、その対価をもらうこと）からITサービス業（システムを使ってサービスを提供し利用料をもらうこと）に革新していくことを意味する。その意味でGoogleもFacebookもITサービス業である。

とはいえITベンダーのビジネスは受託開発以外に多岐にわたっており、本書で詳細に触れる余裕はない。潜在的な競合が既存顧客であることを考慮するなら、"ITベンダーが顧客を含む社会全体のデジタルトランスフォーメーションを支援すること"が意義のあるオプションと認識される。その視点から、ひとつのアイデアとしてBaaS（Bank-as-a-Services）を挙げておきたい。金融サービス業界におけるAmazonやGoogleのようなポジションである。

BaaSの概念について、金融ITマフィアのドンといえる存在

で、作家・評論家でもあるクリス・スキナーは次のように述べている。

「たぶん読者の皆さんはSaaSに関してよくご存知でしょう。それは基本的にアプリケーションを購入するのではなく使っただけ支払うものです。これまでこのサービスは、相応の対価の支払いを求められましたが、今では無料かそれに近い水準になっています。これこそが銀行が向かう方向なのです。バンキング機能は、皆さんのライフスタイルやビジネスに応じて組み替えられ、つないだらすぐに使うことができるアプリケーションになるのです。銀行機能がSaaSのように提供されるべきではないとする論理的な理由は見当たりません。」(http://www.bank-as-a-service.com）

BaaSは銀行機能が必要とされる社会のあらゆる場面において、低価格で提供を可能にする考え方だ。この概念は、APIの普及とともに銀行機能のみならず、金融機能を社会全体に提供するプラットフォームになり、フィンテックをはじめとするイノベーションを育む揺りかご（プラットフォーム）の機能を果たすことになる。

ITベンダーが留意すべきなのは、知的所有権の問題だ。今後、知的所有権が顧客に帰属する可能性が高まるため、これまでのようなITベンダーが一度開発したソフトウエアの知的所有権をもとに転売して稼ぐモデルが成立しにくくなる。その点BaaSモデルは知的所有権の転売モデルを利用料に替えるもので、相応の部分の収益補填が期待できる。

Adobe Systemsの大胆な改革

ITベンダーがこれまでのIT製造業：どう作るかからITサービス業：どう売るかに進化していくためには、PDFで有名なAdobe Systemsのトランスフォーメーションが参考になる。同社は2011年から数年かけてこれまでの年間利用料型のパッケージビジネスから、クラウド環境での利用を前提としたITサービスに大転換を遂げた。

Adobe Systemsの変革は、金融危機によってライセンス販売が不調に陥り、株価も低迷したことによってビジネスモデルを転換するというCEOの決断によるところが大きい。その際Adobe Systemsは単に製品サービスの提供方法をクラウド上で提供する方法に変えただけでなく、サービス化を実施した。サービス化とは、Adobe Systemsのサービスを利用する、エンドユーザーである写真家やデザイナーが作成した写真やグラフィックを第三者（ユーザーの顧客）が閲覧し、専用SNSによる感想やフィードバックの交換、再利用のために料金を払うマーケットプレイスまでを事業として提供することだった。これはプロダクト会社がサービス会社になる以上の大転換といえるが、その後Adobe Systemsの株価は急上昇した。この点、受託型IT製造業から顧客に（もしくは顧客の顧客に）付加価値を提供する、企画型ITサービス業への転換こそが今のITベンダーに求められているのだ。

（4）金融機関の未来像

デジタル金融プラットフォーム

　2017年6月は、金融業界のデジタル化推進に関して政府から新しい方針が示されたという点で、時代にひとつの区切りをつけるようなエポックメイキングな月だった。

　政府が「未来投資戦略2017―Society 5.0の実現に向けた改革―」において、オールジャパンでの手形・小切手の電子化および税・公金収納の効率化に加え、オープンAPI導入とキャッシュレス化についてKPI（Key Performance Indicator：重要な業績評価指標）の設定を公表したからだ。これによって業界のデジタル化は本格化し、進捗状況が政府や金融庁によってモニターされることになる。

（1）　手形・小切手・公金収納の電子化と効率化

　政府発表を受けて、筆者が委員を務める金融庁の「決済高度化官民推進会議（第三回）」において全銀協が、推進案を公表。手形・小切手の流通量（枚数）は減少基調にあるが、2016年

の交換枚数は約5億8000万枚に上る（全銀ネット振込件数は14.7億件）。

今後幅広い意見を集めるオールジャパンの体制を築き、地方税を含む税公金の電子納付やAPIを活用したフィンテック企業との連携実現によるシームレスな取引実現を狙う。

(2) オープンAPIの導入

今後3年以内（2020年6月まで）に、80行程度以上の銀行におけるオープンAPIの導入を目指す。これによって139行（都市銀行・信託銀行・地方銀行・第二地方銀行の合計、外国銀行を除く）の約60%程度がAPIを活用する計算になる。

(3) キャッシュレス化の推進

今後10年間（2027年6月まで）に、キャッシュレス決済比率を倍増し、4割程度とすることを目指す。「日本再興戦略改訂2014」に続いて「日本再興戦略 改訂2015」でも、「キャッシュレス決済の普及による決済の利便性・効率性の向上」が謳われ、2017年度には具体的な達成目標としてキャッシュレス決済比率40%が示された。対象となるキャッシュレス市場の規模は、日本の民間最終消費支出である約300兆円をベースに現在のキャッシュレス比率（20% = 60兆円）の倍として計算すると、120兆円と認識される。

現金や紙ベースの金融取引がデジタルデータ化し、APIで連携するトレンドが示すところは、遠くない将来、既存金融システムインフラが、社会システムの重要な一部を担う本格的なデジタルインフラに進化を遂げることである。これは、デジタル技術を新しい顧客接点として活用していた段階から、銀行業全体のデジタル・トランスフォーメーションの時代に入ったことを意味する。

ペーパーレスやキャッシュレスを背景とする、銀行業全体のデジタル・トランスフォーメーションの進展は、現金ネットワークからインテリジェントな非現金ネットワークへのシフトを促す。新しいネットワークは、ペーパーレスやキャッシュレス

によって生み出された大量のデジタルデータの他に、スマホやウェアラブル等の各種デバイスが扱うデータ（決済情報・位置情報・生体情報）、IoT（センサー等）、仮想通貨など多様なデジタルデータを取り扱う必要があるからだ。それらがリアルタイムで連携し、デジタル認証、情報バンクとしての蓄積・分析・再利用の機能とセキュリティを備えることで、コスト削減や付加価値を提供するプラットフォームになるだろう。インテリジェントなデジタルプラットフォームは銀行業のレガシー脱却に必要なものであり、海外のプラットフォームプレイヤーの脅威への対抗としても不可欠なものである。

　銀行は、このプラットフォームを活用しBaaSの概念を取入れながら、内部業務プロセス、バックオフィス、店舗のありかたを再検討し、マーケティングやビジネス開発の考え方を再構築することができる。プラットフォームの活用を通じて、地方銀行の共同化スキームは更なる成長を遂げる潜在力を開花させることになるだろう。なぜなら、今後、銀行がソフトウエア会社化することによって、共同体が相応の規模を持つマーケットプレイス・ソリューション開発・人材育成のエコシステムを形成する場になるからだ。これが共同体内外のメンバーに刺激を与えることで、新たな連携が共同体内のメンバーだけではなく、顧客や第三者のフィンテック企業等、外部との間にも広がっていく。このような増殖を繰り返すことで、あたかも共同化が生き物であるかのように成長していく可能性がある。

　一連のこうした変化によって銀行は、業態や国境をも超えたコミュニティの拡大（知恵の集結）によって、社会とつながる真の社会インフラとなることで、社会全体（地域）の成長や競争力の向上を実現させていく大きな目標を達成できるのである。

　これこそが銀行が果たすべき"公共性"であり、これから求められるデジタル時代の新たな"社会的使命"という「目的」なのである。

目的が作る幸福

　FacebookのCEOマーク・ザッカーバーグが中退したハーバード大学の卒業式で次のようなスピーチを行なった。ミレニアル世代の旗手である彼は、自分の人生の目標を見つけるだけでなく誰もが人生の目的感を人生の中で持てる世界を創り出したいと宣言したのである。

　　今日、私は「目的」について話します。しかし、あなたの人生の目的を見つけなさいというよくある卒業式スピーチをしたいわけではありません。私たちはミレニアル世代です。
　　だから、それは本能的にやっているはずです。今日私がここでお話したいことは、「自分の人生の目標を見つけるだけでは不十分だ」という話をします。僕らの世代にとっての挑戦は、「誰もが、目的感を人生の中で持てる世界を創り出すこと」なのです。

　　私が大好きなエピソードに、ジョン・F・ケネディがNASA宇宙センターを訪れた時の話があります。ホウキを持っている清掃員にケネディが何をしているのかを訊ねたところ、彼はこう答えました。「大統領、私は人類を月に送る手伝いをしているのです」。
　　「目的」というのは、私たち自身が、小さな自分以上の何かの一部だと感じられる感覚のことです。自分が必要とされ、そしてよりよい未来のために貢献していると感じられる感覚のことなのです。「目的」こそが本当の幸福感を作るものなのです。

　金融業に携わっている人、これからそうしようと思っている人たちの手によって、イノベーションを用いてこれからの日本の金融が果たしていく「目的」が具体化されるべきだと考えている。これから訪れる世界には単一の勝ちパターンがあるわけではなく、誰かが一律の目的を与えてくれるものでもない。国

境を超えて多様なプレイヤーたちが自分の持てる能力を使って課題解決に力を貸し、イノベーションによって実現するほかない。

　銀行は、公共の原則に立ち返り、自らリスクを取ってソーシャル・アントレプレナーシップを発揮して、社会の課題解決に積極的に参画していくのだ。

　われわれのようなバブルを経験した世代こそ、これからの時間をその実現に向けて投資すべきだと筆者は考えている。

Come, Let us be going
いざ、参ろう。

あとがき

　筆者は銀行退職後に、コンサルタントになって以来、20年間で4つの国際標準化活動に関与した。まずGSTPA（Global Straight Through Processing Association）だ。国境を超える証券取引の決済機関を設立するプロジェクトは、2001年の9.11事件の影響による資本市場の混乱で頓挫した。次にXBRL（eXtensible Business Reporting Language）で、財務会計の開示に関わるXML技術の国際標準化活動。ここ数年は、APN（Asian Payment Network）で副議長、IPFA（International Payments Framework Association）でボードメンバーを務めている。両方とも国境を超える決済取引に関する標準化である。

　筆者が国際コンソーシアムに関与するのは、金融危機以降、国際的なプレゼンスが低下した日本の金融業を支えたいという思いと、コンソーシアムに集う人々との共感だ。
　つまり、彼ら（彼女ら）は、自ら企業人として国を代表する立場を持ちながら、世の中をよくしたいというソーシャル・アントレプレナー精神に溢れているのだ。
　この2つの役割の絶妙なバランスが世界を動かしている。
　とはいえAPNを除くと、これまでの標準化は、欧米で作られた国際標準を日本に持ち込むことだった。日本にとっても価値はあるが、自ら標準を開発した欧米にはより大きな価値をもたらす。当たり前だが自分が汗をかいて価値を作り上げないと意味がないのだ。
　これから銀行がデジタル・トランスフォーメーションに取り組む蓋然性が高まりつつある。その時、銀行は社会の課題を解決するソーシャル・アントレプレナー精神を発揮し、自らがエコシステムに関与することによって、率先してイノベーションによる付加価値創造を行うことにコミットすべきである。これ

は、日本国内にとどまらず、日本発（アジア発）で世界に付加価値を提供するチャレンジとも言える。

　このイノベーションへの挑戦をもって、今まで先送りしてきたすべての課題に対する新しいスタート地点としたい。

　拓銀の破綻、長信行の消滅や都市銀行の再編、急激な市場化で失ったコミュニケーションと人脈、それらに伴う家族、社会全体の混乱と国民の負担は、そのためにあったのだと筆者は思いたい。

参考文献

第 1 章
Microsoft, 2015 "The Impact of Digital Transformation Inside Organizations"
　A conversation with R. "Ray" Wang
　　https://info.microsoft.com/dynamics365-conversation-with-ray-wang.html
Innosight, 2012 "Creative Destruction Whips through Corporate America"
　　https://www.innosight.com/insight/creative-destruction-whips-through-corporate-america-an-innosight-executive-briefing-on-corporate-strategy/
チャールズ・ダーウィン　八杉龍一訳　1990　『種の起源』岩波文庫　上・下
JP Morgan Chase, 2014　Letter to share holder
Michael Fitzgerald, Nina Kruschwitz, Didier Bonnet and Michael Welch 2013
　　"Embracing Digital Technology A New Strategic Imperative" MIT Sloan Management report
Capgemini Consulting, 2011 "Digital Transformation: A roadmap for billion-dollar organization" MIT Sloan Management
Erik Stolterman Anna Croon Fors　Umeå University, 2004 "Information Technology and Good Life"

第 2 章
Antony Jenkins Chatham House speech "Approaching the 'Uber Moment' in Financial Services" https://www.youtube.com/watch?v=sSXYOygXyg4
Citi Global Perspectives & Solutions, 2016 "Digital Disruption "How FinTech is Forcing Banking to a Tipping Point""
British Bankers Association, 2017 "An app-etite for banking"
神山哲也　飛岡尚作　2015「大手英銀の牙城に挑むチャレンジャー銀行とFinTech」
　『野村資本市場クオータリー』野村資本市場研究所
"1,000 bank branches shut in two years" Which? Report 2016 http://www.which.co.uk/news/2016/12/revealed-1000-bank-branches-shut-in-two-years-458451/
UK HM Treasury 2017 "Regulatory Innovation Plan"
Independent 2016 "HSBC closes a quarter of high street bank branches in two years"
　　http://www.independent.co.uk/news/business/news/hsbc-close-high-street-bank-branches-two-years-rbs-lloyds-halifax-bank-of-scotland-a7473396.html
Speech by Christopher Woolard, Director FCA 2013
　FCA Sector view retail banking 2017
　　https://www.fca.org.uk/news/speeches/competition-and-conduct-regulation-financial-services
ABS-MAS Financial World　Finance-as-a-Services API Playbook 2016
MAS-ABS Financial World API conference post-event e-book 2016
Klaus Schwab 2016
　"The Fourth Industrial Revolution: what it means, how to respond "
　WEF

第 3 章
北海道新聞社編　1999『拓銀はなぜ消滅したか』北海道新聞社
　札幌高裁判決文　平成18年8月31日
服部泰彦　2003「拓銀の経営破たんとコーポレートガバナンス」立命館経営学
北海道21世紀総合研究所　2013『バカな大将敵より怖い　武井正直講演録』
　北海道新聞社
白川方明　2011「デレバレッジと経済成長　先進国は日本が過去に歩んだ「長く曲がりくねった道」を辿っていくのか?」https://www.boj.or.jp/announcements/press/koen_2012/ko120111a.htm/
伊藤邦雄　2010「経済教室　経営革新へ視野広げよ「総合型人材」の育成を　ベンチャーの力、突破口に」日本経済新聞
野中郁次郎　徳岡晃一郎　2012『ビジネスモデル・イノベーション―知を価値に転換する賢慮の戦略論』東洋経済新報社
内田　樹　2013『街場の憂国論』晶文社
Akira Yamagami 2012 "Community Cloud Banking "
金融庁　2016『平成28事務年度　金融行政方針』
金融庁　2017『金融モニタリング有識者会議報告書』
日経ビジネス　1997年7月21日号「挑む 山代元圀氏（ユニアジア・ファイナンス・コーポレーション社長）―香港駐在20年の人脈使いアジアに日本マネー呼ぶ」

Overview of API and Bank-as-a-Services in Fintech
http://www.bank-as-a-service.com/BaaS.pdf
日本銀行　2012『システム共同化とプロジェクト管理、委託先管理』
日本銀行　2009『金融機関におけるシステム共同化の現状と課題』
野村総合研究所　2012『グローバル本社機能のあり方に関するアンケート調査』
独立行政法人 情報処理推進機構　2011『グローバル化を支える IT 人材確保・育成施策に関する調査』

第 5 章

Mark Andreesen 2011 "Why software eating the world" Wall Street Journal
ピーターディアマンデス　2014『楽観主義者の未来予測』上・下　早川書房
林 晋　2015「あるソフトウエア工学者の失敗 日本の IT はなぜ弱いか」
『イノベーション政策の科学：SBIR の評価と未来産業の創造』東京大学出版会
ジョン・スチュアート・ミル　山岡洋一訳　2006『自由論』光文社
Steve Brown 2015 "Why Intel Corporation keeps chasing Moore's law"
Peter Diamandis 2015 "Bold How to Go Big, Create Wealth and Impact the World"

第 7 章

アナリー・サクセニアン著　山形浩生　柏木亮二訳　2009
　『現代の二都物語』日経 BP 社
Josh Lerner, 2013 "Entrepreneurship, Public Policy, and Cities"
Harvard University and National Bureau of Economic Research
Walter J Herriot, 2014 "Replicating the Cambridge Phenomenon" WorldBankGroup
http://siteresources.worldbank.org/EXTECAREGTOPKNOECO/Resources/PS_IV_W_Herriot_Replicating_the_Cambridge_Phenomenon.pdf
World Economic Forum 2014 "Entrepreneurial Ecosystems Around the Globe and Early-Stage Company Growth Dynamics"
http://reports.weforum.org/entrepreneurial-ecosystems-around-the-globe-and-early-stage-company-growth-dynamics/wp-content/blogs.dir/34/mp/files/pages/files/nme-entrepreneurship-report-jan-8-2014.pdf
西澤昭夫　2017「ベンチャー企業支援 ECOSYSTEM 再論」経営力創生研究
トク・ベルツ 1979『ベルツの日記』上下　　岩波文庫
川本明　2013「イノベーション・エコシステムの可能性」
http://www.fsa.go.jp/singi/singi_kinyu/risk_money/siryou/20130910/01.pdf
Scott Galloway 2015　"The Four Horsemen: Amazon/Apple/Facebook & Google - Who Wins/Loses" L2 Inc.
柳井正インタビュー　2016「いずれ、グーグルと競合する」日経ビジネスオンライン
ガートナープレスリリース 2016 年 11 月 11 日「ガートナー、2017 年以降に IT 部門およびユーザーに影響を与える重要な展望「Gartner Predicts 2017」を発表」https://www.gartner.co.jp/press/html/pr20161111-01.html
RIETI Discussion Paper Series 2010
　NTBFs の簇業・成長・集積のための Eco-system の構築

第 8 章

公正取引委員会　2017「データと競争政策に関する検討会　報告書」
EDPS, 2014 "Report of workshop on Privacy, Consumers, Competition and Big Data European data protection supervisor"
https://edps.europa.eu/sites/edp/files/publication/14-07-11_edps_report_workshop_big_data_en.pdf
Chillin'Competition:On Privacy, Big Data and Competition Law (2/2) On the nature, goals, means and limitations of competition law　2014
https://chillingcompetition.com/2014/06/06/on-privacy-big-data-and-competition-law-22-on-the-nature-goals-means-and-limitations-of-competition-law/
総務省　2016「欧州におけるデータ・ポータビリティの在り方を巡る議論の動向」
山上　聰　2016『銀行イノベーションの真価』情報未来
内閣府　未来投資戦略 2017
金融庁　決済高度化官民推進会議資料（第 3 回）
金融庁　決済高度化に向けた全銀協の取組状況について

［著者］
山上　聰　やまがみあきら

1958年 北海道生まれ。NTTデータ経営研究所 研究理事、グローバル金融ビジネスユニット長兼シンガポール支店長。
立教大学経済学部卒業後、北海道拓殖銀行入行。ニューヨーク支店勤務などの後、外資系コンサルティング会社を経て現職。
金融審議会専門委員、XBRLジャパン理事、APN副議長、IPFAボードメンバーなどを兼任。
金融ビジネス、決済、イノベーションに関する著作、寄稿、講演多数。
著書に、「決済サービスのイノベーション（共著）」、「XBRLによる財務諸表作成マニュアル（共著）」。

金融デジタルイノベーションの時代

2017年9月21日　第1刷発行

著　者─── 山上　聰
発行所─── ダイヤモンド社
　　　　　 〒150-8409　東京都渋谷区神宮前6-12-17
　　　　　 http://www.diamond.co.jp/
　　　　　 電話／03･5778･7235（編集）　03･5778･7240（販売）
装丁・本文デザイン── 加藤杏子（ダイヤモンド・グラフィック社）
製作進行─── ダイヤモンド・グラフィック社
校正─── 水島由美子
印刷─── 信毎書籍印刷（本文）・共栄メディア（カバー）
製本─── 宮本製本所
編集担当─── 千野信浩

©2017 Akira Yamagami
ISBN 978-4-478-10372-2

落丁・乱丁本はお手数ですが小社営業局宛にお送りください。送料小社負担にてお取替えいたします。但し、古書店で購入されたものについてはお取替えできません。
無断転載・複製を禁ず
Printed in Japan